地学实习指导书

GUIDEBOOK FOR FIELD GEOLOGICAL TRAINING

上海、苏州及周边地区 SHANGHAI, SUZHOU AND SURROUNDING AREAS

田军 谢昕 邹松梅 编著

同济大学 出版社
TONGJI UNIVERSITY PRESS
·上海·

内容简介

本书以上海、苏州及周边地区野外地质现象的现场教学内容为主，辅以野外地质工作基本方法和技能的介绍，在纸书的基础上配合丰富的动态视频、360°全景路线交互网页等媒体资源，以融合教材的形式出版，读者对象为全国各高校地学、土木、交通、环境等相关专业中需要进行野外地质实习的学生。本书主要内容包括 14 条野外教学路线的介绍，其中苏州地区 10 条，常熟虞山地区 1 条，上海松江佘山地区 1 条，浙江舟山地区 2 条。这 14 条路线的教学内容是同济大学海洋与地球科学学院地学基础课程"地球科学概论"教学团队在多年野外踏勘和教学基础上的总结。

图书在版编目（CIP）数据

地学实习指导书：上海、苏州及周边地区 / 田军，谢昕，邹松梅编著. — 上海：同济大学出版社，2023.5
 ISBN 978–7–5765–0622–8

Ⅰ.①地⋯ Ⅱ.①田⋯ ②谢⋯ ③邹⋯ Ⅲ.①地理学－教育实习－华东地区－高等学校－教学参考资料 Ⅳ.① K925-45

中国国家版本馆 CIP 数据核字（2023）第 001189 号

地学实习指导书——上海、苏州及周边地区

田军　谢昕　邹松梅　编著

责任编辑： 宋　立　周锦欣 ｜ **责任校对：** 徐春莲 ｜ **装帧设计：** 完　颖

出版发行：	同济大学出版社　www.tongjipress.com.cn
	（地址：上海市四平路 1239 号　邮编：200092　电话：021–65985622）
经　　销：	全国各地新华书店、建筑书店、网络书店
排版制作：	南京文脉图文设计制作有限公司
印　　刷：	上海丽佳制版印刷有限公司
开　　本：	787mm×1092mm　1/16　　　插页　9
印　　张：	8.75
字　　数：	218 000
版　　次：	2023 年 5 月第 1 版
印　　次：	2023 年 5 月第 1 次印刷
书　　号：	ISBN 978–7–5765–0622–8
定　　价：	39.80 元

本品若有印装质量问题，请向本社发行部调换　版权所有　侵权必究

前 言

兴趣是学习知识的最好导师，实践则是融会贯通的最佳教练，对于地球科学这门以认识自然世界、探索地球奥秘为使命的学科来说，更是如此。野外综合地质认知实习是专门为地球科学专业本科阶段的同学量身设计的基础性、系统性的实践学习和训练。在教师的带领和指导下，同学们通过考察火山、溶洞、河流、沟谷等地质景观，借助罗盘、地质锤、放大镜等传统工具和相机、测距仪等现代工具，对矿物、岩石、化石、沉积物、层理、断层等各种地质作用的产物和现象进行观察、测量和记录，并结合文献展开思考与讨论，形成对区域地质演化的初步认识。这是一个获益良多且有趣的学习过程，不仅能够帮助同学们理解和巩固专业基础知识，还可锻炼同学们在野外的观察和动手能力，增强个人意志、体力和耐力，建立团队协作意识，更能激发对于地球科学的兴趣，为后续的专业深造乃至人生道路做好启蒙。

我们国家山川壮丽，地质现象丰富，已开辟了多个地学专业院校实习基地，遍布祖国大地。高校云集的长三角地区地处长江之口、太湖之畔、东海之滨，山岳形胜，河流密布，生物丰富，古生代以来各种沉积作用、岩浆作用、构造作用、生物作用和海陆相互作用等均十分发育，已建立了多个国家级和省市级地质公园和森林公园，理应能从中寻找出一系列内容丰富的实习教学点和路线，进而构建出成体系并具有区域特色的实习区，服务于地学专业院校的教学。为此，同济大学海洋与地球科学学院"地球科学概论"课程教学团队的多位教师，在前人的实践教学基础上，并借鉴兄弟院校的实习基地建设经验，历十余年之功，勘察足迹遍布江浙沪等省市，开辟或完善了佘山、虞山、舟山以及太湖周边等多处实习教学地点及路线。其中，半数以上的实习地点已持续开展十年以上教学工作，并在近五年，将各处地质现象典型的教学路线组建成了教案完备的实习区，供开展学期内的课间现场实践教学以及暑期的野外综合地质认知实习。

同济大学海洋与地球科学学院安排学制内第三学期（暑期）进行专业基础课"地球科学概论"的认知实习，为期两周。回顾实习教学的历史，2004年之前，实习地点在上海小洋山，也曾临时安排在普陀山，主要由董荣鑫教授带队。2004年至2016年，同济大学海洋与地球科学学院与中国地质大学（武汉）地球科学学院签署协议，利用中国地质大学"秦皇岛实习基地"，在北戴河及柳江国家地质公园开展认知实习。从2014年开始，同济大学田军、谢昕、黄湘通、吴自军、马文涛、黄恩清等，在时任教学副院长于鹏教授、地质系主任许长海教授的支持下，通过数个教改项目，历经几十次野外踏勘，最终在同济大学退休教师董荣鑫教授、江苏省地质调查研究院、浙江省海洋勘测研究院（浙江省水文地质工程地质大队）的帮助下，将暑期认知实习基地建在苏州东山，实习区域选在苏州西部和西山国家地质公园以及浙江舟山沿海地区，从2017年正式开展野外认知实习。同时将上海佘山、江苏常熟虞山、浙江长兴煤山和江苏宜兴善卷洞作为"地球科学概论"课程的课间现场实践教学地点。在此，尤其感谢江苏省地质调查研究院的邹松梅研究员，帮助教学团队勘察了太湖周边的多处实习地点，并提供了大量参考资料。

随着在该地区长年开展实践教学，教学团队已积累了多年的野外踏勘资料、教案及教学经验，在参考江浙沪等省市的区域地质志和地质报告之后，我们整理编撰了本实习指导书，以供今后更好地开展规范化、系统化实践教学，并向地学教育界同仁推介本地区丰富的地学实践教学内容。其中，区域地质资料主要引用《江苏省及上海市区域地质志》（江苏省地质矿产局，1984）和《江苏省岩石地层》（江苏省地质矿产局，1997），并参考江苏省地质矿产局编写的苏州市太湖西山和常熟市虞山两个地质公园的综合考察报告，以及部分1∶50 000区域地质调查报告。在第二章"实习区地质概况"和第三章"野外地质教学实习路线"中，上述资料的引用不再逐一列举。在第四章"野外地质工作基本方法和技能"中，本书引用了微信公众号"桔灯勘探"的部分文章内容，在此也不再列举具体文章。

本书向学生介绍了地学中已十分成熟的基本概念和一般方法，这些并非科研成果的展示，因此在引用某些文字和图片时，可能会遗漏最原始的参考文献，也难免出现与其他教科书相似的内容，在此一并说明并致歉。对学生而言，实习报告是地质认知实习的最终成果展示，其中涉及地质图件中常用的岩性花纹、符号和代号的引用，本书建议采用现行国家标准《区域地质图图例》（GB/T 958—2015）来处理。

编　者

2022年12月

目 录

前言

第一章　绪论　001

第一节　实习区自然地理和人文概况　002

第二节　实习目的、任务要求　004

第二章　实习区地质概况　007

第一节　苏州西山地区地质概况　008

第二节　苏州西部地质概况　010

第三节　常熟虞山地质概况　020

第三章　野外地质教学实习路线　027

第一节　苏州地区　028

　🚩 路线一　基地 → 西山地质博物馆 → 西山岛东村 → 基地

　🚩 路线二　基地 → 东山莫厘峰 → 基地

　🚩 路线三　基地 → 寒谷山 → 灵源寺 → 基地

　🚩 路线四　基地 → 黄犊山 → 小南山 → 基地

　🚩 路线五　基地 → 马石山 → 金钉子辅助剖面 → 基地

　🚩 路线六　基地 → 西山林屋山 → 基地

　🚩 路线七　基地 → 西山石公山 → 基地

　🚩 路线八　基地 → 西山缥缈峰 → 基地

🚩 路线九　基地 → 虎丘山 → 基地

🚩 路线十　基地 → 砚瓦山 → 灵岩山 → 烈士陵园 → 基地

第二节　常熟虞山　　　　　　　　　　　　　　　　　　　　064

🚩 路线十一　同济大学 → 常熟虞山 → 同济大学

第三节　上海松江佘山　　　　　　　　　　　　　　　　　　072

🚩 路线十二　同济大学 → 西佘山 → 同济大学

第四节　舟山　　　　　　　　　　　　　　　　　　　　　　077

🚩 路线十三　基地 → 朱家尖东沙 → 乌石塘 → 基地

🚩 路线十四　基地 → 塘头村 → 基地

第四章　野外地质工作基本方法和技能　　　　　　　　　　083

第一节　准备工作　　　　　　　　　　　　　　　　　　　　084
第二节　野外地质工作的基本内容　　　　　　　　　　　　　085
第三节　地形图基本知识　　　　　　　　　　　　　　　　　085
第四节　地质图的判读　　　　　　　　　　　　　　　　　　100
第五节　罗盘和放大镜　　　　　　　　　　　　　　　　　　105
第六节　野外地质定点　　　　　　　　　　　　　　　　　　110
第七节　野外记录和路线剖面图　　　　　　　　　　　　　　110
第八节　信手平面和剖面图的测制及室内资料整理　　　　　　115
第九节　野外地质素描图　　　　　　　　　　　　　　　　　117
第十节　地质标本采集　　　　　　　　　　　　　　　　　　118
第十一节　矿物和常见岩石的野外鉴定　　　　　　　　　　　119
第十二节　实习报告的编写　　　　　　　　　　　　　　　　123

参考文献　　　　　　　　　　　　　　　　　　　　　　　　125

附录1　苏州西山地区综合地层柱状剖面图

附录2　地质图件常用的部分岩性花纹、符号及代号

附录3　野外记录簿

附图　西山地区地质概况图

第一章
绪论

第一节 实习区自然地理和人文概况

第二节 实习目的、任务要求及成绩评定

第一节　实习区自然地理和人文概况

本书介绍的实习区涵盖上海及周边地区，地理位置北依长江、东临东海、南接钱塘、西抱太湖，位于长江三角洲这一引领中国经济发展的龙头之内（图1.1）。实习区内地质现象丰富，包括古生代以来的大量碳酸盐地层和碎屑岩地层、侵入岩和喷出岩、断层和褶皱构造、"金钉子"地层和标准化石、岩溶现象、海陆相互作用、现代地质作用等，基本涵盖了"地球科学概论"课程介绍的主要地质现象和地质问题。经过多年的踏勘筛选和教学实践，我们从中建立了多条教学实习路线并完善了相应教案。这些实习路线分布在上海、苏州、无锡、湖州、舟山等城市，且均位于国家地质公园、著名风景区或地质博物馆内，交通便利，后勤完备，野外路线安全，地质现象典型，非常适合刚踏入地球科学领域的同学开展野外地质认知实习。同时，实习内容与同济大学在舟山附近海域开展的海洋综合实习，以及在安徽巢湖开展的野外地质填图实习紧密衔接、关联密切。

实习区之一位于江苏省南部、太湖东畔、长江口西侧的苏州市。苏州历史悠久，地理位置优越，自古便是鱼米之乡、文化胜地，现在更是著名的旅游城市，风景名胜众多。其境内河港交错，湖泊密布，京杭大运河贯穿市区，因此又称为水都、水城和水乡，出产水稻、麦子、油菜、棉花、蚕桑和林果，特产以碧螺春茶叶、长江刀鱼、太湖三白（白鱼、银鱼和白虾）和阳澄湖大闸蟹最为有名。苏州古城面积14.2 km^2，遗存的古迹密度仅次于北京和西安，平江、山塘历史街区分别被评为中国历史文化名街和中国最受欢迎的旅游历史文化名街。此外，苏州园林更是享誉天下。苏州目前共有6个文化项目被列入联合国《人类非物质文化遗产代表作名录》，包括中国首个入选世界非物质文化遗产的昆曲，24个文化项目被列入国家级非物质文化遗产代表作名录，28人被列为国家级非物质文化遗产代表性传承人。

苏州市的中心地理坐标为北纬31°19′，东经120°37′，属于亚热带季风海洋性气候，四季分明，年均降水量1 100 mm，年均温度15.7℃，1月均温2.5℃，7月均温28℃。地貌上属于低山丘陵，山高一般为100～350 m，主要分布在西部山区和太湖诸岛，其中较有名的包括穹窿山（342 m）、南阳山（338 m）、西洞庭山缥缈峰（336 m）、东洞庭山莫厘峰（293 m）、七子山（294 m）、天平山（201 m）、灵岩山（182 m）、渔洋山（171 m）、虞山（262 m）和潭山（252 m）等。

位于苏州的实习路线主要分布在太湖东南隅的西山岛上，即太湖西山国家地质公园之内。此外，在苏州西部的东山、虎丘、灵岩山、砚瓦山、烈士陵园等处，以及苏州北部的常熟虞山也有实习路线分布。西山岛是太湖中最大的岛屿，也是中国淡水湖泊第一大岛，隶属江苏省苏州市吴中区，距离苏州古城约45 km，地理坐标在东经120°11′—120°22′、北纬31°01′—31°12′之间。西山岛整个区域东西长约15 km，南北宽约18 km，陆地面积83 km^2，其中60%为低山丘陵，岛上主峰为缥缈峰，海拔336.6 m，为太湖七十二峰之首。西山岛的气候与苏州市的整体气候略有差异，属北亚热带湿润性季风气候，年平均温度约16℃，全年温度最低月份为1、2月，最高为7、8月。年降雨量在 1 000～1 500 mm 之间。该处盛产碧螺春茶叶和各种水果，如枇杷、杨梅、银杏、青梅和柑橘等。太湖三山岛和西山俞家渡的考古发掘证实，西山地区早在旧石器时代就有人类活动。这里也是道教圣地，有号称"天下第九洞"的林屋洞和"第四十九福地"的毛公坛，还遗留有明月湾、东村、东蔡等多处明清时期以来的古村落和古建筑。

苏州常熟虞山的实习路线主要与沉积岩相关。虞山是长江三角洲前缘平原上延伸最长、海拔最高的山体，是由断块上升形成的单面山，最高峰望海墩海拔 261 m（吴淞高程），8 个主要的山峰一字

图 1.1　实习路线分布示意图

排开，呈北西—南东向展布，山脊线绵延超过 6 000 m，山体最宽处约 2 200 m。南西坡短而陡，北东坡长而缓。南西坡下的尚湖与虞山相依，二者平面形态相似且走向一致。常熟虞山地区属北亚热带海洋性季风气候。冬季盛行西北风，寒冷少雨；夏季盛行东南风，高温多雨，入暑以后还有一段在副热带高压的控制下，盛吹西南风的干燥炎热天气；春秋两季干湿冷暖多变。总体上气候温和，雨量充沛，光照充足。

　　舟山地区的实习内容主要为考察海岸带的地质作用。舟山市位于杭州湾外缘的东海海域，东临太平洋，南接宁波象山县，西临杭州湾，北邻上海市。舟山群岛众多，总计 1 390 个岛屿，总体沿南西—北东向分布，自南向北可划分为舟山列岛、岱衢列岛、崎岖列岛和嵊泗列岛，均呈北西西向排列。总体地势西南高、东北低，最高峰为海拔 544 m 的桃花岛对峙山，多数山峰海拔 200 m 以下。海岸线总长 2 444 km，其中基岩海岸 1 855 km，人工海岸（海塘）530 km，砂砾海岸 50 km，泥质海岸（涂）13 km。舟山群岛属亚热带季风气候，年平均气温 16.3℃，8 月平均气温 25.8～28.0℃，1 月平均气温 5.2～5.9℃。常年降水量 927～1 620 mm，5—6 月为梅雨季节，降雨较为集中；7—9 月为台风季节，台风或热带风暴十分频繁，随之而来的暴雨强度大，持续时间长，是引发地质灾害的主要因素之一。舟山地区的海岸潮汐为不规则半日潮，潮流以往复流为特征，涨潮流向西，落潮流向东，涨潮流速大于落潮流速。海水的潮汐及台风巨浪作用对岛屿海滨的影响较大，尤其是潮间带地段。

　　上海地区的实习路线位于西佘山，从景区西门进入，沿盘山公路从山脚至山顶分布多个观察点。主要考察白垩世酸性火山岩和中性侵入岩，认识它们的岩性和产状，还可观察岩石节理和风化现象。上海经济发达，交通便利，属于典型的亚热带季风气候。佘山位于上海西南部松江区，距市中心约 30 km，有佘山国家森林公园、佘山天文台、地震博物馆等观光景点。

第二节　实习目的、任务要求

▲ 实习目的与任务

　　通过野外地质认知实习，学生可以巩固并加深对"地球科学概论"课程理论知识的认识和理解，对华南板块的地层体系、古生代以来重要的构造运动、中生代的大规模岩浆活动以及海陆相互作用有总体上的认知。此外，通过实习，还须理解、掌握下列地质现象的鉴定和判识及野外地质工作的基本技能和基本方法。

1 掌握野外地质工作的基本流程；

2 常见矿物、岩石、化石的认识及肉眼鉴定；

3 基本地质构造的判识，如褶皱、断层、节理等；

4 重要内、外动力地质现象的认识；

5 地层相对年代确定方法的具体运用；

6 了解实习区主要的地层、岩性及主要构造线方向，并了解其地质发展史；

7 掌握地形图与地质图的判读、罗盘的使用（校正、定点、产状测量等）；

8 掌握野外记录格式、信手（路线）剖面图制作、素描图绘制、标本采集和重要地质现象的描述等基本技能；

9 掌握实习报告编写的内容及格式规范。

▲ 实习纪律

1. 实习安全要求

在野外实习中，安全永远是首要考虑因素，在任何环节，每一位师生都应提醒自己和他人注意安全。在实习期间，教师和学生均必须严格遵守组织纪律，实习全过程严禁下水游泳、嬉戏；严禁不加请示，擅自脱离基地外出；严禁不加请示，在野外脱队行动。对于在实习基地内的日常学习和生活管理，参照校内纪律和基地要求执行；每次实习出发之前，由带队教师根据实际情况，制定和宣讲实习纪律及日程规划，并进行督导。

2. 实习注意事项

在充分保证安全的情况下，师生须共同努力，保障实习的质量和效果。教师负责实习的整体规划，并落实实习教学环节的每一个步骤，在野外应主动与学生交流，提高学生识别地质现象和动手操作的能力，如识别与描述岩性特征、结构构造、生物化石、沉积环境、地层接触关系和断层性质等，掌握地质现象素描、信手剖面图绘制、利用后方交汇法定点等基本技能。参加实习的同学，不得无故迟到、缺勤；每次野外路线之前须做好准备工作，带齐地质锤、罗盘、放大镜、野外记录本、铅笔、相机、GPS、地质图和卷尺等工具。南方夏季天气潮湿闷热，植被茂盛，要注意防晒、防雨及预防蚊虫叮咬。在野外和基地，应以小组为单位展开实习活动，分工协作，互帮互助，共同讨论，完成任务。在实习期间，可开展丰富多彩的文体活动。

第二章 实习区地质概况

第一节 苏州西山地区地质概况

第二节 苏州西部地区地质概况

第三节 常熟虞山地质概况

本书地层划分采用江苏省地质矿产局（1997）的地层划分方案，文中提及的地质年代直接引自相关文献，读者可自行参照对比最新的国际年代地层表。

苏州实习区所在地理位置属于苏州太湖平原，其大地构造演化主要经历了三个阶段（程裕琪，1994）。第一个阶段为变质基底形成阶段（距今 800 Ma 以前的前震旦纪），晋宁运动最终形成了扬子板块的褶皱基底。第二个阶段是扬子板块增生、沉积岩层发展阶段（距今 800~205 Ma，震旦—三叠系），主要沉积了前震旦纪的磨拉石建造和冰碛岩，震旦纪至志留纪的广海碳酸盐岩和碎屑岩，泥盆纪至三叠纪的海相碳酸盐岩、碎屑岩、海陆交互相含煤岩系和陆相碎屑岩等。第三个阶段是板内变形阶段（距今 205~1.8 Ma，三叠纪末至第三纪）。由于华南板块与华北板块的碰撞及古太平洋板块的侧向挤压和俯冲，在燕山运动及喜马拉雅运动早期，区内构造变形和岩浆活动强烈。在晚白垩纪至第三纪早期（距今 96~56.5 Ma），区内强烈的走滑-拉伸构造形成了本区盆岭构造格架，为区内现今地形地貌奠定了雏形。第四纪以来（距今 1.8 Ma）的新构造运动以差异性升降和古断裂的再活动为特征，逐步造就了现今的地形地貌。

第一节　苏州西山地区地质概况

西山地区的沉积地层以中志留世至早三叠世的沉积为主，侏罗纪以来伴有较强烈的岩浆活动（江苏省地质矿产局，1997）。西山地区地质概况简图见书末附图。

▲ 地层

苏州地区出露的沉积地层序列及岩性特征描述见苏州地区综合地层柱状简图（附录1）。西山实习区内，出露最老的地层为早古生代中志留世茅山组（S_2m）；晚古生代出露的地层依次为晚泥盆世至石炭纪观山组（D_3g）、擂鼓台组（DCl）、老虎洞组（C_2l）、黄龙组（C_2h）、船山组（C_3P_1c）、二叠纪栖霞组（Pq）、孤峰组（Pg）、龙潭组（Pl）、长兴组（Pc）；中生代及以后沉积地层为早三叠世青龙组（T_1q）及第四纪地层（Q）（江苏省地质矿产局，1997）。

▲ 地质构造和岩浆岩

西山地区推覆构造发育，主要包括缥缈峰推覆构造和瞳里湖推覆构造（图2.1），另外在辛村见小型推覆构造。区域内褶皱明显，主要有乌峰顶背斜、林屋山—片牛山北西向褶曲、塔头—弹子岭北西西和北西向褶曲以及凤凰山北北东向褶曲等。区域内断裂也很发育，主要有北东至北北东向的堂里劳村逆断层，北西至北西西向的缥缈峰断裂组。上述推覆构造、褶曲和断裂组成了西山地区的基本构造格架。

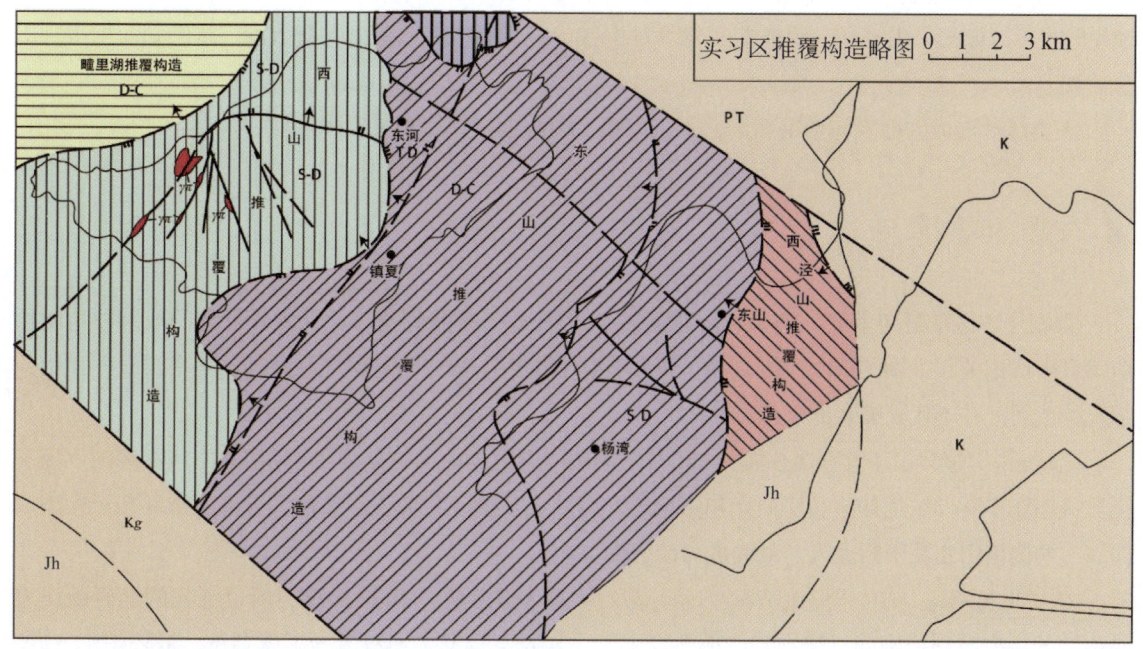

图 2.1　西山 – 东山推覆构造略图

西山地区侵入岩出露零星，在堂里、东村等地呈岩珠状产出，其余均为脉状产出。岩石类型有花岗斑岩、碱性辉绿岩、石英闪长斑岩和煌斑岩等。

地貌

西山实习区地貌形态多样，包括丘陵、残丘、平原，按成因划分有流水地貌、岩溶地貌、湖成地貌、重力地貌以及人类活动形成的地貌。

流水地貌包括侵蚀型的丘陵、残丘和堆积型平原。丘陵由碎屑岩组成，绝对高程为 50～336.6 m（缥缈峰主峰海拔），岩性主要为茅山组、观山组和擂鼓台组的砂岩，呈走向展布明显。北东向山体有缥缈峰（336.6 m）、小峰顶（189 m）和笠帽山（187 m）等，东西向的有四崑山（222 m）、石屋顶（144 m）和杜背山（180 m）等。山顶有明显的山脊线，多为分水岭，如缥缈峰至四崑山一线，可分为南北两个水系。丘陵区冲沟发育，上游一般为 V 形，下游特别是沟口大多为平底谷，冲沟长度一般为 1～2.5 km。较大的冲沟长年流水，局部可成为小型瀑布，有的出现泉水。残丘面积较小，无明显走向，呈孤立状分布，如横山群岛、七墩山等。冲积山前平原呈带状分布，绝对高程为 3～30 m，地势向太湖方向缓倾，局部发育冲积扇，由第四纪松散堆积物组成。

岩溶地貌分布于西山实习区的东部以及堂里、三山岛等地，由石炭纪至三叠纪的碳酸盐岩组成。山顶多呈圆形，无山脊线，一般为凸形山坡，山体表面发育溶沟、石芽、石林、落水洞等岩溶地貌，如龙洞山顶的"曲岩"；地下发育溶洞、地下河，如林屋洞。

太湖是本区域最大的湖泊，湖底平坦，平均水深为 1.89 m，水面高程 2 m 左右，湖面宽广。本区域湖成地貌以湖蚀地貌最为典型，主要分布于湖岸为较坚硬基岩的湖滨，有湖蚀穴和湖蚀崖，其中湖蚀崖较发育，如石公山等地，距离湖面高差为 3～8 m，湖蚀崖陡峭壁立，与太湖广阔的湖面相接，十分壮观。

人类活动形成的地貌包括采石场、人工堆积、灌溉渠、河堤和天王坞水库等。

▲ 太湖的成因简述

太湖是本区域最典型的地质单元，总面积 2 428 km^2，是我国第三大淡水湖，它的成因与地质构造背景密切相关。太湖的成因假说众多，主要有"潟湖说"和"非潟湖说"两种。本书仅根据文献介绍几种成因，并不代表编者的观点。

"潟湖说"最早由丁文江先生提出（丁文江和汪胡桢，1936），太湖所在地原为一浅海海湾，扬子江与钱塘江不断向东延伸，长江口岸和钱塘江北岸两大沙嘴不断增长，致使部分海面被环抱于内遂成内海，两侧诸山水流不断注入，从而成为淡水湖。

在"非潟湖说"中，"构造下沉、断陷说"认为（陈月秋，1986），早更新世强烈的地壳断块差异运动使得太湖周边山体，特别是西侧断块上升，太湖本身发生相对沉降形成湖盆，最终积水成湖。"陨石冲击说"与太湖的形态有关，因为太湖南部呈圆形而北部呈不规则放射状，猜想这是陨石从东北方向斜向冲击的结果，尽管在太湖泥盆纪石英砂岩中发现了可能起源于冲击成因的微观现象，包括变质石英（冲击玻璃）、震裂锥以及尖劈形张性裂隙等，但直接的地质证据并不充足（王鹤年等，2009）。"非潟湖说"得到许多考古成果的支持，特别是新石器时代晚期的文物（蒋炳兴，1989），比如，太湖湖底黄土层之上发现的战国时期青铜器及古井，三山岛有 5 000 年前的哺乳动物群化石等，这都说明了太湖所处为陆地环境。

第二节 苏州西部地质概况

▲ 地层、褶皱和断裂

苏州西部出露的地层包括中志留世至早三叠世的地层，地层特征与西山地区基本一致，该区域自侏罗纪以来构造活动加强,并伴有强烈的岩浆活动。从构造角度看,苏州西部地区为受区域性大断裂控制的断块隆起,周围为中、新生代火山—沉积断陷;区内褶皱和断裂均以北西西向和北东向为主,构成基本构造格架。

区内褶皱主要发生于中三叠世,有近东西向的西迹山复式背斜、北西西向的穹窿山复式背斜和开阔的北东向背斜和向斜,如镇湖背斜、木渎向斜和七子山背斜(图 2.2)。

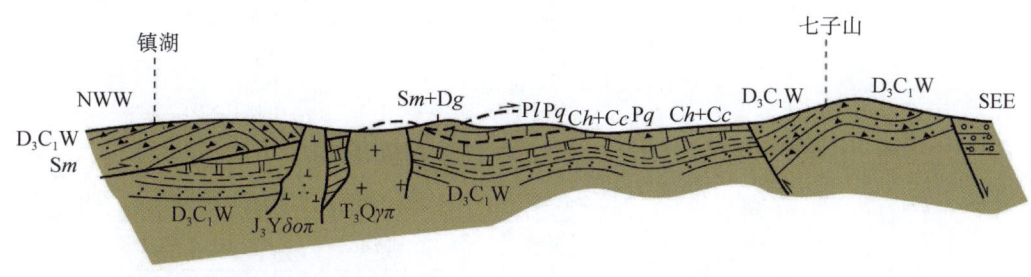

图 2.2　苏州西部地区镇湖–七子山构造剖面示意图

本区包括三个主要方向的断裂,包括形成于印支早期的东西–北西西向断裂,形成于印支晚期的北东向断裂和形成于燕山期的北北东向断裂。断裂在本区岩浆岩中也很发育,如天平山超单元花岗岩体中发育北北东向断裂带,包括贺九岭—天池断裂、观音山断裂和天平山断裂。

本区发育阳山推覆构造,断裂总体走向北西西,倾向北北东。上盘推覆体为茅山组和观山组,呈飞来峰逆覆于下盘栖霞组、龙潭组之上。断裂带内有破碎角砾岩和中酸性岩脉,均已高岭土化。详情可参考西山推覆构造(第三章,路线 5,No.17)。

岩浆岩

(一)侵入岩

区内侵入岩绝大部分为酸性岩类,约占 90% 以上,此外含有少许中性岩和基性岩。成岩时间主要为印支期和燕山期,与侵入岩伴生的内生矿产有铅、锌、银、铜、铁、铌、钽、锡、萤石、高岭土、瓷石等。花岗岩作为优质建筑石料,也是本区重要的矿产资源。

1. 侵入岩的岩石谱系

根据区域地质资料记载(江苏省地质矿产局,1997),该区域内具有一定规模的侵入体约为 50 个。将岩性(成分和结构)相同、年代相当的同源侵入体归并成 12 个单元,单元代号以"时代 + 地名 + 岩性代号"表示,如 $K_1J\pi\gamma$ 为早白垩世金山单元的似斑状花岗岩。按同源岩浆的演化系列,将两个或两个以上,在时间和空间上紧密相关、在成分和结构上有一定演化关系的单元归并成超单元或序列。本区域内,只有天平山超单元具有完整的演化系列,其余的均不完整,因而以过渡性的岩石谱系单位"序列"来命名代号(表 2.1)。

表2.1 苏州西部地区花岗岩谱系体制（江苏省地质矿产局，1997）

时代		超单元、序列	单元	代号	岩石类型
白垩纪	晚世	阳宝山序列	雅泥山	$K_2Y\gamma p$	花斑岩
			虎窠里	$K_2H\varepsilon o\pi$	石英正长斑岩
	早世	天平山超单元	横山	$K_1HBi\gamma$	富云母花岗岩
			索山	$K_1SNa\gamma$	富钠长石花岗岩
			天池	$K_1T\gamma$	细粒花岗岩
			金山	$K_1J\pi\gamma$	似斑状花岗岩
侏罗纪	晚世		大焦山	$J_3D\gamma$	中粗粒花岗岩
			白鹤山	$J_3BHb\gamma$	含角闪花岗岩
		东渚序列	金墅	$J_3J\eta\gamma$	二长花岗岩
			哑子桥	$J_3Y\delta o\pi$	石英闪长玢岩
三叠纪	晚世	光福序列	城隍山	$T_3CQ\lambda o\pi$	石英斑岩
			青山	$T_3Q\gamma\pi$	花岗斑岩

2. 天平山超单元的空间分布

天平山超单元是由岩浆多次脉动侵位形成的复式岩体，形态为超 10 km 长、约 6 km 宽的"肾"状，侵入于北东向木渎向斜核部，以北西向倾覆于沉积岩层之下（图 2.3）。该超单元岩体受断裂构造控制，位于多组断裂交叉处，并具有多阶段连续活动的特点，总体上从内部向外侧由新至老过渡。

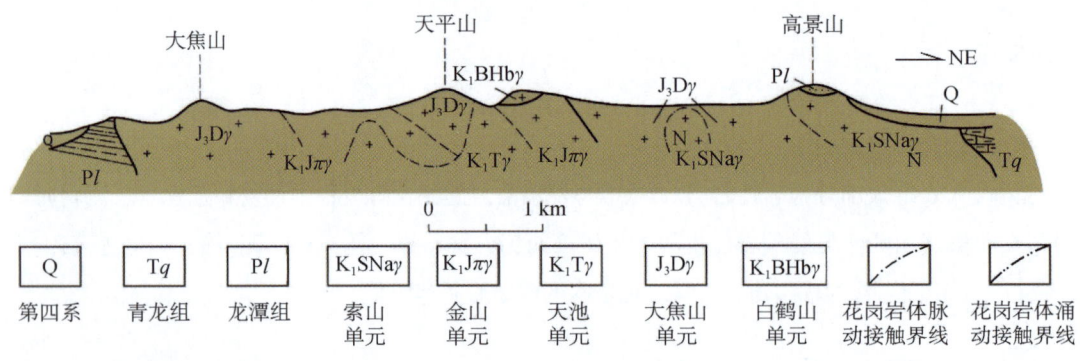

图 2.3 天平山超单元复式岩体剖面示意图

3. 侵入体接触关系

本实习区各侵入体之间的接触关系包括超动式、脉动型和涌动式三种。

超动式侵入接触指晚形成的深成岩体在早形成的深成岩体完全固结冷却之后，对其侵入而形成的接触关系，一般能较准确地确定两个深成岩体形成的先后顺序。

脉动型侵入接触指先形成的侵入体在已基本固结但仍然灼热的条件下，与后侵入的岩体形成的接触关系，其接触面两侧出现成分和结构上的突变，通常在很小的范围内就可以形成一条清晰的接触界线,甚至在手标本或岩石薄片上都可以看出。但其接触变质现象并不明显,很难确定它们的先后顺序。

涌动式侵入接触又称隐蔽型侵入接触,指岩体内部由于组分差异出现的差异性流动,导致先贯入的侵入体在固结但部分仍保持液态的情况下,被后贯入的侵入体侵入而形成的接触关系。岩石成分和结构在很小的范围内发生快速变化,接触界线不清晰,有时在接触带形成宽度不等的混染带。

在天平山超单元内部存在上述各种接触关系,在北爪山可见东渚序列的(石英)闪长斑岩被天平山超单元的中粗粒花岗岩侵入或捕虏,形成两个超单元(序列)之间的超动型侵入接触(图2.4),也可见阳宝山序列的脉状侵入体呈超动型侵入其中(图2.5)。在天平山超单元内部,存在诸多连续脉动型和涌动型侵入接触现象(图2.6)(江苏省地质矿产局,1997)。

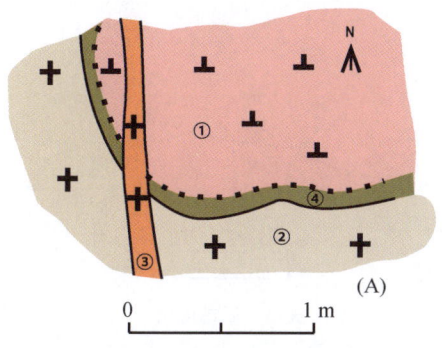

图 2.4 东渚序列与天平山超单元侵入接触关系图(北爪山)

① 哑子桥单元;② 大焦山单元;③ 天池单元;④ 烘烤边;⑤ 混染带

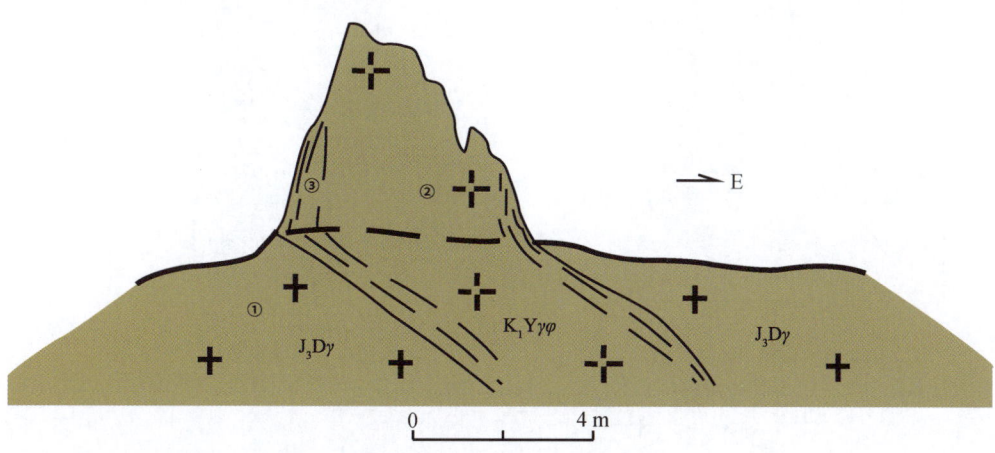

图 2.5 雅泥山单元与大焦山单元呈超动侵入接触关系图(北爪山)[1]

① 大焦山单元;② 雅泥山单元;③ 冷凝边流线

4. 天平山超单元岩石类型

本实习区内天平山超单元的花岗岩于地表出露,易于观察,本书仅对天平山超单元花岗岩的岩石类型进行叙述,包括六个单元。

---

1 据江苏省地质四队 1982 年资料改编

（1）白鹤山单元：主要岩石类型为似斑状含角闪石花岗岩，呈灰色、灰绿色，在天平山超单元中色率最高，是唯一含有少量角闪石的岩石。斑晶粒径 3～6 mm，基质粒径 0.1～0.5 mm，斑晶以白色微红的钾长石为主，含有少量石英。在该单元岩石中，深色基质衬托少量浅红色斑点，可作为醒目的鉴别标志。

（2）大焦山单元：主要岩石类型为中粗粒花岗岩，等粒状，中粗粒结构，在浅色的长英矿物之间镶嵌有黑云母的黑色斑纹。

（3）金山单元：主要岩石类型为似斑状花岗岩，钾长石、石英斑晶粒径约 5 mm，含量达 50% 以

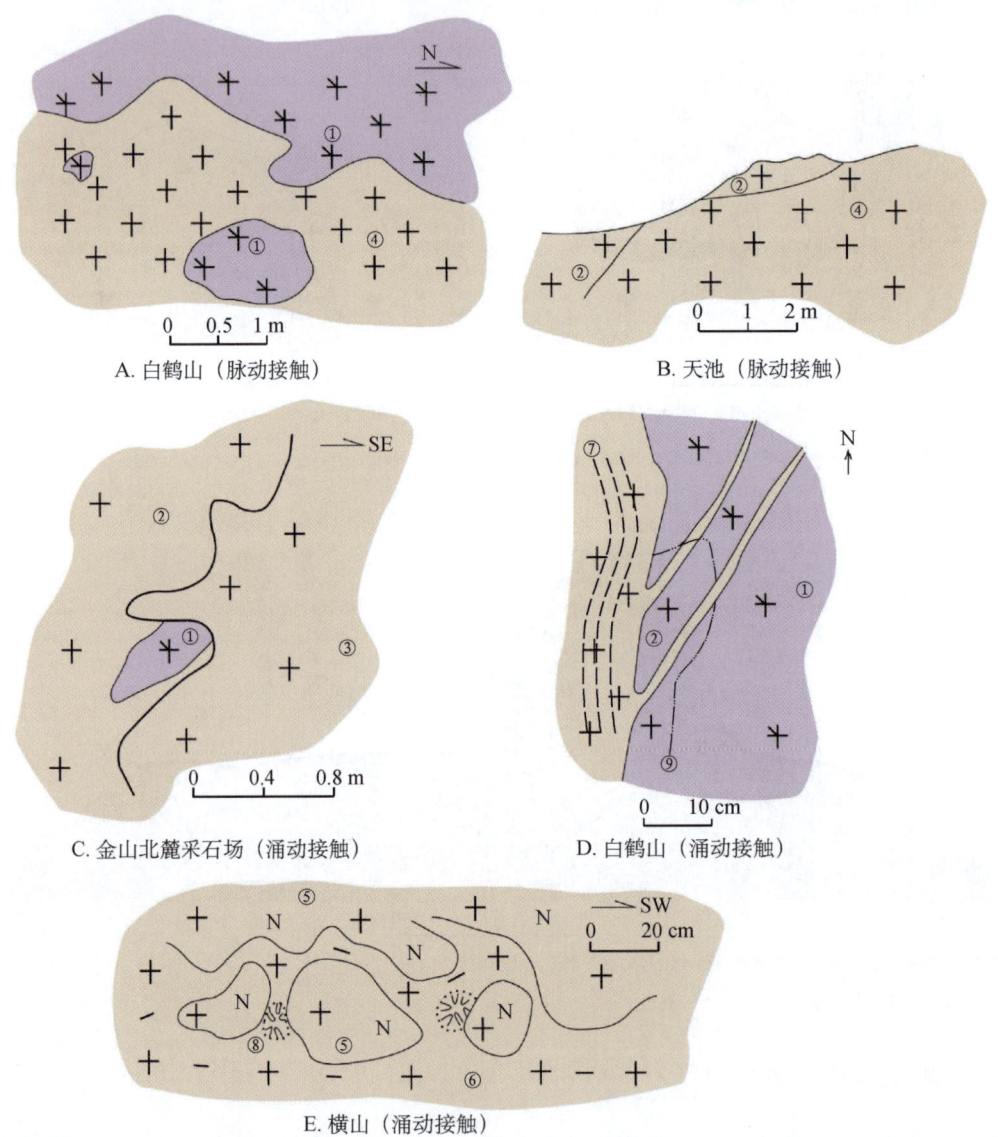

图 2.6　天平山超单元侵入接触关系素描图
① 白鹤山单元（J₃BHbγ）；② 大焦山单元（J₃Dγ）；③ 金山单元（K₁Jπγ）；④ 天池单元（K₁Tγ）；⑤ 索山单元（K₁SNaγ）；⑥ 横山单元（K₁HBiγ）；⑦ 劈理；⑧ 石英晶洞；⑨ 涌动接触界线

上，局部出现斑晶连体，基质充填于斑晶间隙中。该类岩石以艳丽的肉红色和小矿物相间的结构而赢得建筑界的赞誉，俗称"金山石"。

（4）天池单元：主要岩石类型为细粒花岗岩，以均匀的细粒结构为特征，偶见少量斑晶，呈浅黄微红色，色泽和结构都比较均匀。

（5）索山单元：为富含钠长石花岗岩，少斑细粒结构，白色、灰白色底板中分布有星点状的樱红色小斑点，其物质成分为铌铁矿。

（6）横山单元：为富黑云母花岗岩，以富含黑云母为特征，黑云母含量一般为10%～15%，局部达35%。黑云母片径一般为3～5 mm，少数达8 mm，黑云母在岩石中分布不均，常成带状，使整个岩石呈现似层状的流动构造。

5. 天平山超单元复式岩体侵位机制

岩体侵位是指由于前期的构造作用形成了后期岩浆的侵入通道和空间，后期岩浆从而侵入前期已经开辟好的空间内。苏州西部地区只有天平山超单元部分出露，其他序列的侵入体绝大部分被第四系覆盖。根据区域地质资料（江苏省地质矿产局，1997），天平山超单元复式岩体为向北缓倾的楔状岩席。

天平山超单元侵位机制中的控岩构造由一系列犁式叠瓦状逆推断裂组成，构造线走向为东西—北西西向，逆推方向主要是由北（东）向南（西）。单纯的压性逆推断裂可能还不足以形成足够合适的空间，当近南北向的挤压转向为北西—南东向挤压时，该组断裂由压性转变为张性，形成最后的控岩构造（图2.7）。

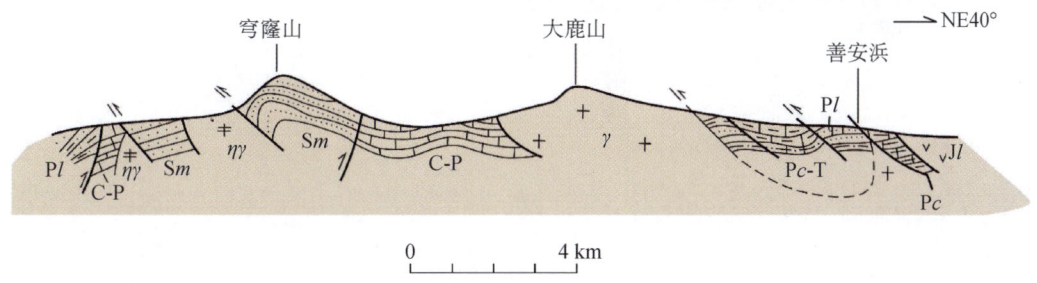

图2.7 天平山超单元岩体产状与叠瓦式逆推断裂示意图

在阳山南麓的采石场中可见该复式岩体与龙潭组泥质粉砂岩接触，接触面产状为北西西，倾角大约20°。根据北接触带的区域勘深资料发现，岩体和矿体的产状均向北缓倾，岩体有超覆的趋势；而在象山、高景山等地见到的岩体中，沉积岩残留体呈平底船状飘浮于岩体之上；根据分布于岩体北侧的善安浜矿区资料，成矿母岩为A型花岗岩，是天平山超单元的一部分，接触面倾角很缓，小于10°；而根据重、磁物探资料，天平山超单元及其南侧的七子山（木渎）隐伏岩体均为向北缓倾的楔状体。

区域资料显示，苏州市北偏东区域位于一条北东向断裂和一条北西向断裂的交汇处，本书推测这是形成苏州地区花岗岩的岩浆来源。燕山早期大量的Ⅰ型花岗质岩浆呈火山岩和次火山岩状堆积，充填于苏锡断裂中，当通向地表的通道被淤塞后，相继上侵的燕山中、晚期的A型花岗岩浆只能沿着逆推断裂由北（东）向南（西）侵位，并充填于叠瓦式逆推断裂的张性空腔中（图2.8）。

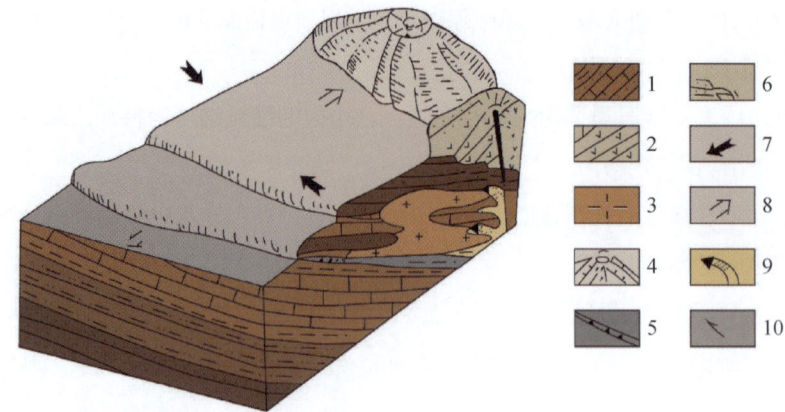

图 2.8　天平山超单元侵位机制示意图

1. 志留系至三叠系沉积岩；2. 火山岩；3. 花岗岩；4. 古火山；5. 断层角砾岩带；6. 拉张断裂；
7. 压应力；8. 张应力；9. 花岗岩浆侵位方向；10. 断块运动方向

（二）火山岩

本实习区以中生代火山岩为主，主要是熔岩和火山碎屑岩类，局部发育次火山岩（图 2.9）。

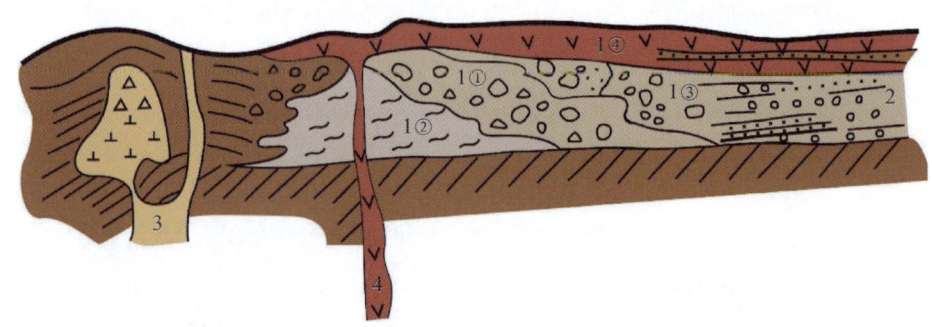

图 2.9　苏州西部火山岩岩相空间分布示意图

1. 喷发相；2. 喷发沉积相；3. 次火山岩相；4. 火山颈相
① 爆发碎屑亚相；② 爆发火山灰流亚相；③ 沉积—爆发碎屑亚相；④ 溢流亚相

1. 火山岩类型

中基性熔岩主要见于黄尖组下段，常见岩石为辉石安山岩等。中性熔岩中，常见岩石有角闪安山岩、安山岩、黑云母安山岩、石英安山岩、粗安岩和粗面岩等，其中，角闪安山岩和安山岩主要见于黄尖组下段，粗面岩见于黄尖组上段。中酸性熔岩主要有英安岩、流纹英安岩和英安流纹岩等，常见于黄尖组上段。酸性熔岩主要有流纹岩，其次为流纹斑岩和霏细岩。

火山碎屑岩中，常见岩石种类有中性或偏碱性、中酸性、酸性的集块角砾岩、晶屑凝灰岩、晶屑岩屑凝灰岩等。该类岩石分布较广泛。

零星分布次火山岩，主要以岩脉形式产出，灰白、浅灰白色较多，呈残余斑状结构和块状构造。斑晶主要为中长石、少量角闪石和石英，有时为较多的黑云母。中长石斑晶呈板状，具环带构造；角闪石呈柱状，横切面呈六边形，暗化边发育。岩石蚀变强烈，成分以绢云母、石英为主，明矾石和高岭土分布极为不匀。出露地表的次火山岩多因强烈风化而铁染严重，外表多呈褐–褐黄色，长石多已风化为高岭土、绢云母，岩石结构构造一般模糊，可见斑状结构。

2. 火山机构

区域地质资料显示，苏州西部地区中生代火山岩从晚侏罗世至早白垩世，经历了三次大规模的喷发活动，形成了黄尖第一旋回、黄尖第二旋回和甲山旋回三个喷发旋回，喷发带总体呈北东向展布，并由南东向北西逐步迁移，至晚期收缩，展现出以中心式喷发为主的特点。区内北东向火山喷发带大都被第四系覆盖，地表保存较好的破火山口有阳北、小南山两处。另见极少的不完整火山口，如何山。总体上与真山、华山小型喷发中心组成一个北东向的串珠状火山岩带。

1）阳山北火山机构

阳山北火山机构（图2.10）位于苏州通安桥东南约1 km处，平面形态呈椭圆形，南侧是由阳

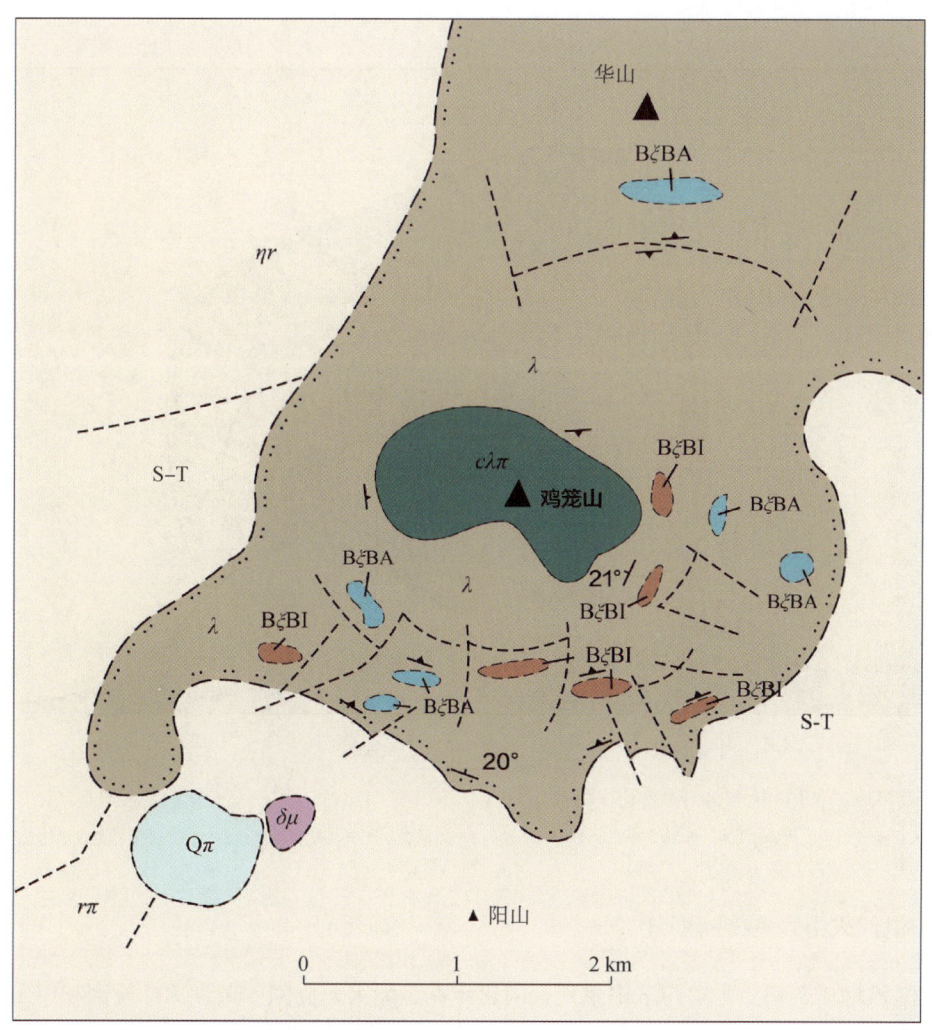

图2.10 苏州阳山北火山机构地质略图

λ，流纹岩（流纹质凝灰岩）；$c\lambda\pi$，次流纹斑岩；$B\xi BI$，爆发相英安质角砾熔岩；$B\xi BA$，爆发相英安质角砾集块岩；$\eta\gamma$，二长花岗岩；$\delta\mu$，闪长玢岩；$\lambda\pi o$，石英斑岩；$\gamma\pi$，花岗斑岩；S–T，志留纪—三叠纪地层

北—鸡笼山组成的环形火山锥体，北侧环锥主要被第四系覆盖。有火山管道相、爆发相、喷溢相及次火山相分布，地貌上为东南面呈相对较高、相连的环形山体，西北面被第四系覆盖，中心为孤立小山，是较典型的古破火山口。环形火山锥主要由流纹质角砾集块岩和流纹岩构成，具有多次爆发和溢流特点。产状向内倾，沿环锥分布的放射状断裂也较发育，使锥体间有明显的错移。次火山岩相为次流纹斑岩，充填于火山通道；沿环状、放射状断裂也有晚期的酸性岩脉侵入。

2）小南山破火山口

该火山机构位于苏州光福镇西南约 5 km 处，平面呈圆形，南面为太湖水域，北部为相连的小山丘，火山口中心偏太湖一侧为低洼地形，已被第四系掩盖，岩相岩性呈环形分布，由外向内分别为溢流相英安岩、爆发相英安质角砾集块岩和爆发相英安凝灰熔岩，产状呈内倾（图2.11）。火山活动以爆发为主，早期强烈，后期较弱，后期古火山口收缩沉降，形成现在所见的破火山口。

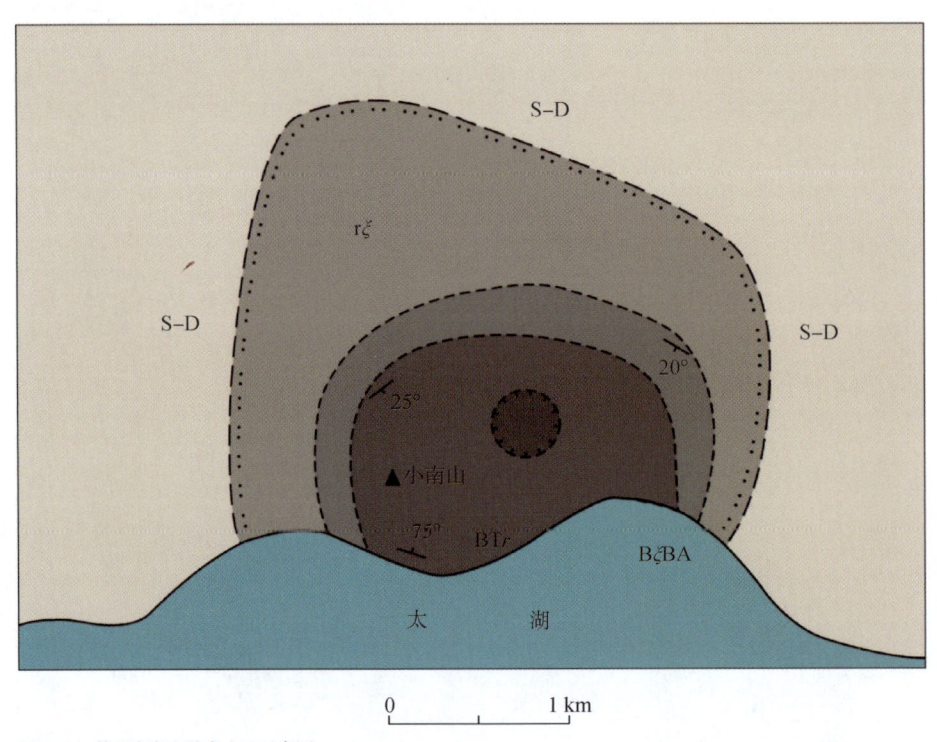

图 2.11　苏州小南山破火山口示意图

rξ，溢流相英安岩；BξBA，爆发相英安质角砾集块岩；BTr，爆发相英安凝灰熔岩；S–D，志留纪至泥盆纪地层

3. 中生代火山岩系旋回划分

根据区域地质资料，本实习区中生代火山岩存在黄尖第一旋回、黄尖第二旋回和甲山旋回三个喷发旋回。

（1）黄尖第一旋回。组成该旋回的岩石系列为安山岩系列，主要由溢流相安山岩与爆发相凝灰角砾岩、凝灰岩组成 9 个韵律，单个韵律厚度为 50～100 m。

(2) 黄尖第二旋回。组成该旋回的岩石系列为石英安粗岩－英安岩系列。旋回下部有超过 6 个旋回，单个韵律由溢流相石英安粗岩与爆发相凝灰岩、凝灰角砾岩、喷发－沉积相凝灰质粉砂岩以及泥岩组成，单个韵律厚度为 50～200 m。旋回上部由溢流相英安岩与爆发相火山集块岩、凝灰质角砾岩组成 8 个韵律，单个韵律厚度为 10～100 m。

(3) 甲山旋回。组成该旋回的岩石系列为流纹岩系列，位于阳山（鸡笼山）破火山口，由溢流相流纹岩与爆发相角砾集块岩、凝灰角砾岩、凝灰岩组成 8 个以上韵律，并伴有流纹斑岩次火山岩体沿火山口管道及放射状原生裂隙侵入，单个韵律厚度为 20～140 m。

(三) 脉岩

本实习区脉岩包括辉绿玢岩、花岗斑岩和煌斑岩三种类型。

(1) 辉绿玢岩。地貌走势呈南北向延伸，常呈狭长的陡立岩脉产出，见于舟山、城隍山、良连山、龙山和阳北等地。岩石呈灰绿色，蒙脱石化后呈黄绿色，高岭土化后几乎为白色，辉绿结构，块状构造。

(2) 花岗斑岩。此类岩石分布极广，在五龙山和阳北分布最多。它是一套狭长、陡立的超浅成酸性（局部偏碱性）岩脉。走向以北北东和北西西两组为主，少数呈平缓的岩床产出，切穿辉绿玢岩及以前所有的岩浆岩，存在三期次。

(3) 煌斑岩。煌斑岩多呈细小岩脉状产出，五龙山—北山出露较多，以斜闪煌斑岩为主。岩石一般为灰绿色，细粒煌斑结构，块状构造。成分以斜长石、角闪石为主，有时有较多黑云母或辉石。成岩后的绿泥石化蚀变最强。

(四) 地质发展简史

志留纪至三叠纪时期，本区域地壳活动较为稳定，主要为一套碳酸盐－陆源碎屑沉积，沉积厚度逾 2 km。早三叠世之后地壳活动强烈，印支运动期间的褶皱和断裂形成了一系列的推覆构造，同时伴随岩浆侵入活动。

侏罗纪至白垩纪时期，受燕山运动的影响，本区域缺失早中侏罗世沉积，晚侏罗世至早白垩纪以强烈的裂隙式中心式－火山喷发活动为特征，发育一套中－酸性熔岩及相应的火山碎屑岩，其间有多次的火山喷发间歇，造成凝灰质粉砂岩、泥岩等沉积。岩浆侵入活动强烈，地层中生物化石稀少。岩浆活动在晚白垩世基本停止，形成内陆湖泊沉积，形成了一套红色碎屑岩建造，由砂岩、砾岩和砂砾岩组成多个韵律，沉积厚度变化较大，从几十米到近一千米，反映了当时气候干燥炎热。

新生代时期，本区域地壳活动趋于稳定，岩浆活动变弱。区内未见古近纪－新近纪沉积。第四纪时期主要继承以往的沉积盆地，沉积了一套河湖相的泥砂碎屑沉积物。

第三节　常熟虞山地质概况

虞山为一单面山，整体沿北西至南东方向展布，山体的南西坡短而陡，北东坡长而缓。在虞山及其周边地区发育中志留世至晚白垩世的地层沉积，部分地区有晚新生代的玄武岩分布。基岩露头主要分布在顾山、凤凰山、虞山等丘陵山地。所出露地层有中志留世茅山组（S_2m）、晚泥盆世观山组（D_3g）及晚泥盆世—早石炭世擂鼓台组（DCl）（江苏省地质矿产局，1997）（图2.12）。

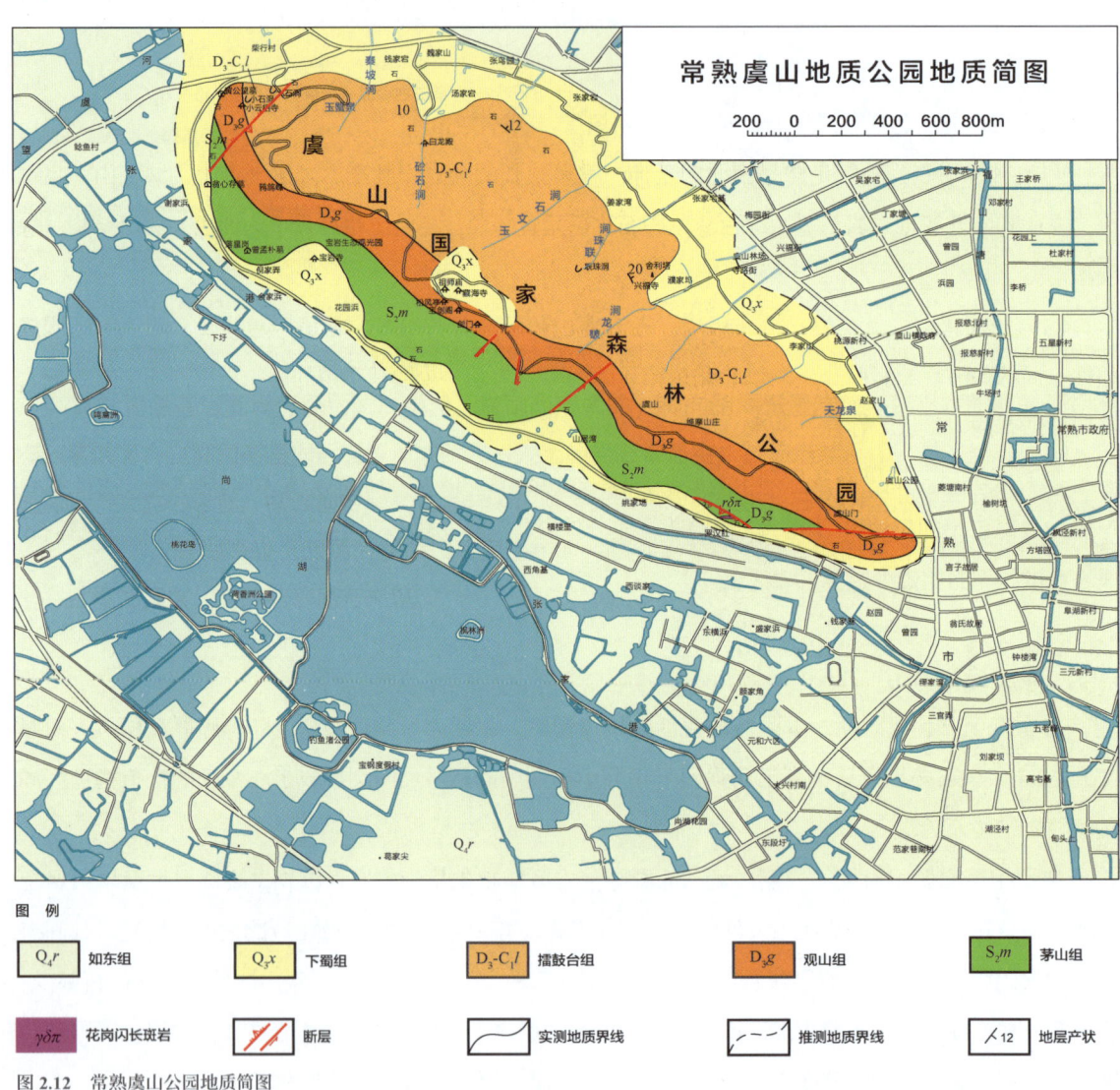

图2.12　常熟虞山公园地质简图

一、前第四纪地层

本区域内出露地层主要有中志留世茅山组（S_2m）、晚泥盆世观山组（D_3g）、晚泥盆—早石炭世擂鼓台组（DCl）。

（一）茅山组（S_2m）

主要分布在山体的西南坡。岩性主要以褐色、褐红色、灰黄色以及灰白色中厚层细—中粗粒石英砂岩、岩屑砂岩和长石砂岩为主，夹紫红色泥岩、粉砂质泥岩、泥质粉砂岩，总厚度大于240 m。沉积构造发育，主要有平行层理、板状交错层理、楔形交错层理以及波痕等。沉积环境属于水动力较强、沉积速度较快的河口三角洲相和三角洲前缘亚相。

（二）观山组（D_3g）

观山组与下伏茅山组为平行不整合接触，接触界线主要出露于虞山西南坡，观山组石英岩状砂岩构成了虞山山脊。岩性主要以浅灰、灰白色巨厚层—厚层状含砾粗粒石英砂岩、中粗粒石英砂岩、石英岩状砂岩和中细粒石英砂岩为主，夹薄层粉砂岩、粉砂质泥岩和泥岩等，产亚鳞木等化石，厚度小于100 m。自下而上呈粗—细韵律结构，沉积构造发育，有粒序层理、块状层理、板状交错层理和大型波痕等。沉积环境为三角洲前缘亚相—浅海亚相。

（三）擂鼓台组（DCl）

擂鼓台组与下伏观山组为整合接触，出露于山体北坡。主要岩性为灰白色厚层状中粒石英砂岩、灰色含泥质粉砂岩和杂色细粒石英砂岩，夹浅灰白色含粉砂黏土岩、紫红色泥质粉砂岩，厚度大于40 m，以中—薄层状为主，具水平层理和缓波状层理。在虞山如意潭等地的灰色泥质粉砂岩中，可见丰富的轮状钩蕨化石。沉积环境为温暖、潮湿的近海河流亚相。

二、地质构造

虞山位于大义和常熟城之间，属顾山—同宫山复背斜的一部分，其四周为断裂所切，地层走向与区域构造方向相顶，是一个特殊的构造断块（图2.13）。虞山由中志留世茅山组（S_2m）、晚泥盆世观山组（D_3g）和擂鼓台组（DCl）组成，山势南陡北缓，岩层产状平缓，倾角基本不超过20°，虞山山体主构造线方向为北西向，也有北东向或北北东向。

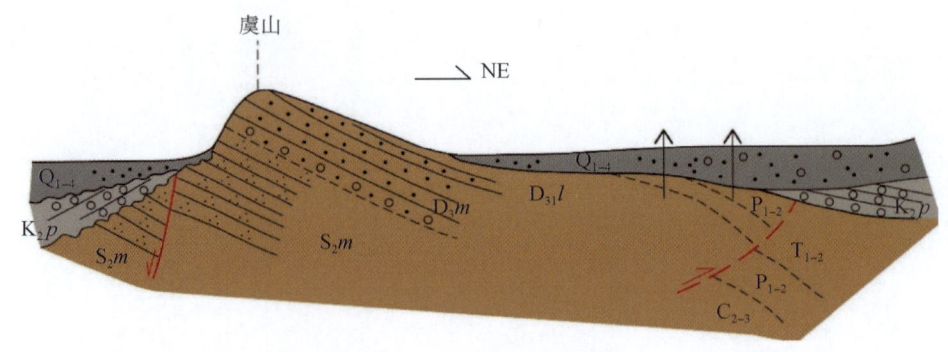

图 2.13 虞山断块构造剖面示意图（邵家骥，等，2007）（岩性可参照附录 1）

断块北东及西南两侧分别被两条北西向断裂所切。其南西侧断裂为一正断层，南西盘下落。区域地质资料显示，虞山南西山麓见一条总体走向近 300°、倾向南西、倾角为 72° 的断层。在虞山南西山麓可见一个小断层，可能属于上述北西向断裂。该断层的构造破碎带宽近 10 m，其中发育宽 3 m 的构造角砾岩，角砾分选很差，砾石粒径大多为 3～5 cm，个别达 10～15 cm，泥质胶结，较疏松，破碎带同时显示具有受挤压形成的片理条带和扁豆体构造，断面光滑平直。断层南西盘为茅山组（S_2m），北东盘为观山组（D_3g），为上盘下落的正断层（图 2.14），从受力分析判断，应属先张而后扭的断层。

断块北东侧断裂为逆断层，为区域性的先压而后张的断裂。虞山西南麓，多处可见北西向压扭性断裂，是造成虞山山体北西向走势的主要原因。

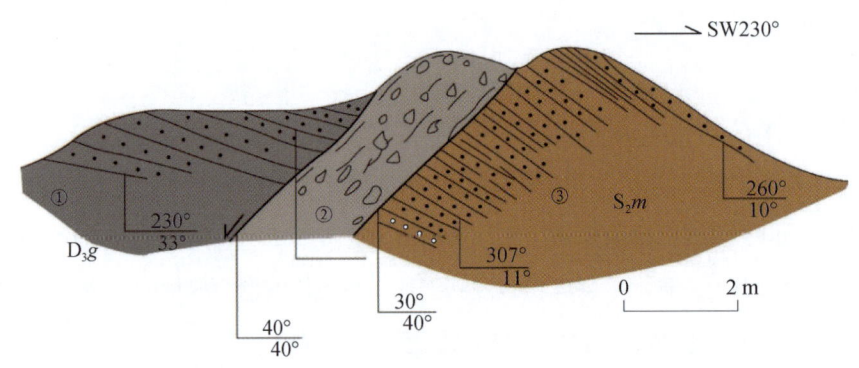

图 2.14 虞山西南麓北西向断层示意图
① 观山组砂岩中的牵引褶曲；② 断层角砾岩；③ 茅山组砂岩夹泥岩。岩性参照附录 1

断块北西侧被北东向断裂切割。在虞山北麓六店街采石场中，见一条宽约 4 m 的北东向破碎带。破碎带发育于擂鼓台组（DCl）中，走向北东 10°～20°，倾向南东，倾角为 65°～80°，带内岩层强烈破碎，大部风化成粗颗粒状黄土，近断面有断层角砾发育，断层下盘发育小型褶皱，轴向为北东 15° 左右（图 2.15）。

断块内地层以茅山组（S_2m）、观山组（D_3g）及擂鼓台组（DCl）为主，岩层呈北西走向，倾向北东，倾角 20° 左右。断块内裂隙构造发育，主要有北东向、北西向、近南北向及近东西向四组，其

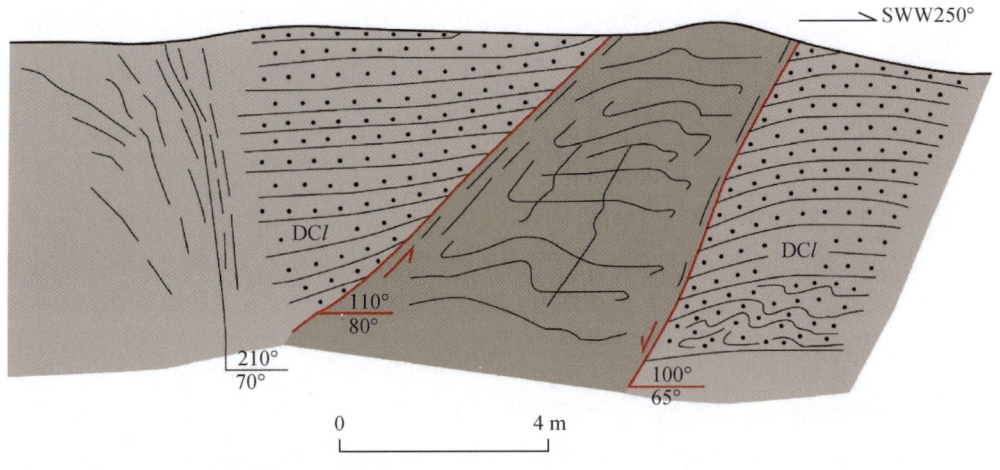

图 2.15 虞山六店街北北东向断层剖面示意图

中一些裂隙在后期构造应力作用下，可进一步发展为裂面和小断裂，构成虞山重要的地貌景观。例如，北西向裂面构成山体南（西）坡一系列陡崖面，是山南陡坡形成的主因；虞山剑门由北东向裂面构成；相邻的两个一线天则由近南北和近东西向两条共轭裂面构成；山北坡一系列北东向沟谷及其形成的部分瀑布，多沿北东向裂面分布。虞山兴福寺的兴福石，也发育了上述两组共轭节理，并被人们抽象为"兴"和"福"两字。

三、岩浆岩

根据区域地质资料，虞山地质公园内的侵入岩属燕山晚期第二期次的侵入岩，相当于早白垩世，仅见于虞山南麓，呈岩枝状，沿北西向断裂侵入茅山组中，主要岩性为花岗闪长斑岩，浅灰色，略带肉红色调，斑状结构，基质微晶结构。斑晶粒径小于 2 mm，主要由石英、斜长石及少量黑云母组成。斑晶中石英多呈粒状，斜长石呈粒状和板状，多数已高岭土化，黑云母多已褪色。基质由碱性长石、石英微粒和斜长石微晶及少量云母、磁铁矿微粒组成。

四、地貌及第四系

虞山是长江三角洲前缘平原上延伸最长、海拔最高的山体。山脊线呈北西向绵延逾 6 400 m，最高峰望海墩海拔 261 m，四周平原区海拔高程一般小于 5 m。山体地貌可分为四个类型，即山顶准平原（或称夷平面）、山南陡坡、山北缓坡及山麓准平原。

山顶准平原（夷平面）：高程约 200 m，从辛峰亭至西校场五六千米长的山脊断续保存着面积不等的夷平面，其上还有第四纪下蜀组（Q_3x）黄土状亚黏土堆积，厚约 7.5 m。

山南陡坡：虞山南坡是陡坡地形，平均坡角为 25°～30°，其下部坡度稍缓，其上覆盖有第四纪下蜀组（Q_3x）的黄棕色亚黏土，其下为中志留世茅山组（S_2m）砂岩，地貌上构成了不明显的Ⅱ级基座阶地。陡坡中上部为陡崖，坡度55°~85°，因其与地层倾角相反，属于典型的反倾角坡，由于陡坡形成与北西向断层有关，又可称其为断面坡。

山北缓坡：虞山北坡为缓坡地形，平均坡度10°~15°，山坡倾角与地层倾角一致，倾向也基本一致，是构造地形上的倾角坡，或称层面坡。北坡被山涧分割，形成山涧和山嘴相间地形，大部分涧沟是北东向破碎裂隙带或小断裂通过的地带，流水长期沿坡体带冲刷，形成目前的山间沟谷地貌。

山麓准平原：分布在虞山周围。山北较宽，倾斜角度为2°~30°，从山麓（海拔约20 m）至虞山北路附近，宽400~1 000 m；山南较窄，倾斜角度为3°~5°，宽度200~500 m，为波状起伏的平地。该地区广泛分布下蜀组（Q_3x）亚黏土，其下分别为茅山组（南坡）及擂鼓台组（北坡）砂岩，构成区内的Ⅰ级基座阶地。

山体外围的平原区，高程一般小于5 m，地表主要出露全新世如东组（Q_4r）的灰黄或土黄色亚黏土、黏土质粉砂和亚砂土。

五、地质发展简史

（一）震旦纪至三叠纪沉积盖层发育阶段

该时期地壳运动以整体升降运动为特征，沉积物多为海相碳酸盐岩、碎屑岩及部分海陆交互相、陆相碎屑岩。不同时期的地层之间均为整合或假整合接触。

志留纪以来，整个虞山及外围总体表现为地壳抬升。中志留世为浅海—滨海相。虞山出露的为茅山组（S_2m）中上段，属三角洲前缘亚相及河口三角洲相。中志留世末，在加里东构造运动的影响下，地壳上升，本区域整体隆起成陆，导致晚志留世沉积缺失。泥盆纪以来的构造运动仍以升降运动为主。早、中泥盆世，本区域处于剥蚀夷平阶段，沉积缺失。从晚泥盆世至早石炭世早期，本区域开始下沉，沉积陆相滨海潮坪相碎屑岩，与中志留世茅山组之间形成假整合面，可见底砾岩。

泥盆纪观山组（D_3g）沉积时期，本区域处于三角洲前缘至滨海海滩沉积环境，其沉积过程总体为海侵过程。擂鼓台组（DCl）沉积时期，本区域处于近海河流亚相环境。中、晚石炭世及以后各纪地层在虞山一带均未出露。

（二）三叠纪末至古近纪地壳强烈活动期

这一时期经历了三期强烈的构造运动，即印支运动（三叠纪末）、燕山运动（侏罗—白垩纪）和喜马拉雅早期（古近纪）运动。

三叠纪末至早白垩世的印支—燕山运动造就了本区及外围主要的褶皱、断裂和岩浆岩。晚白垩世至古近纪的燕山运动和古近纪的喜马拉雅早期运动造成本地区地壳拉伸，是主要的盆地形成期，盆岭构造框架基本成型，作为独立块体的虞山断块形成，虞山山体初具规模。

（三）新构造活动

新近纪以来的新构造运动，在本区域主要表现为差异性升降和古断裂构造的继承性活动。差异性升降形成丘陵山区，造成孤岛状山体的间歇性抬升及平原区自西向东倾斜沉降。虞山断块历经多次间歇性抬升，逐步形成今天的山体。

（四）虞山形成过程

中志留世至中三叠世台地发展阶段，主要沉积海相碳酸盐岩和碎屑岩。地壳活动较稳定，地层之间均为整合或假整合接触，如图2.16（a）所示；中三叠世至早中侏罗世，海水全部退出，沉积物以陆相堆积为主，受印支运动影响，早期地层发生褶皱，如图2.16（b）所示；晚侏罗世—早白垩世，

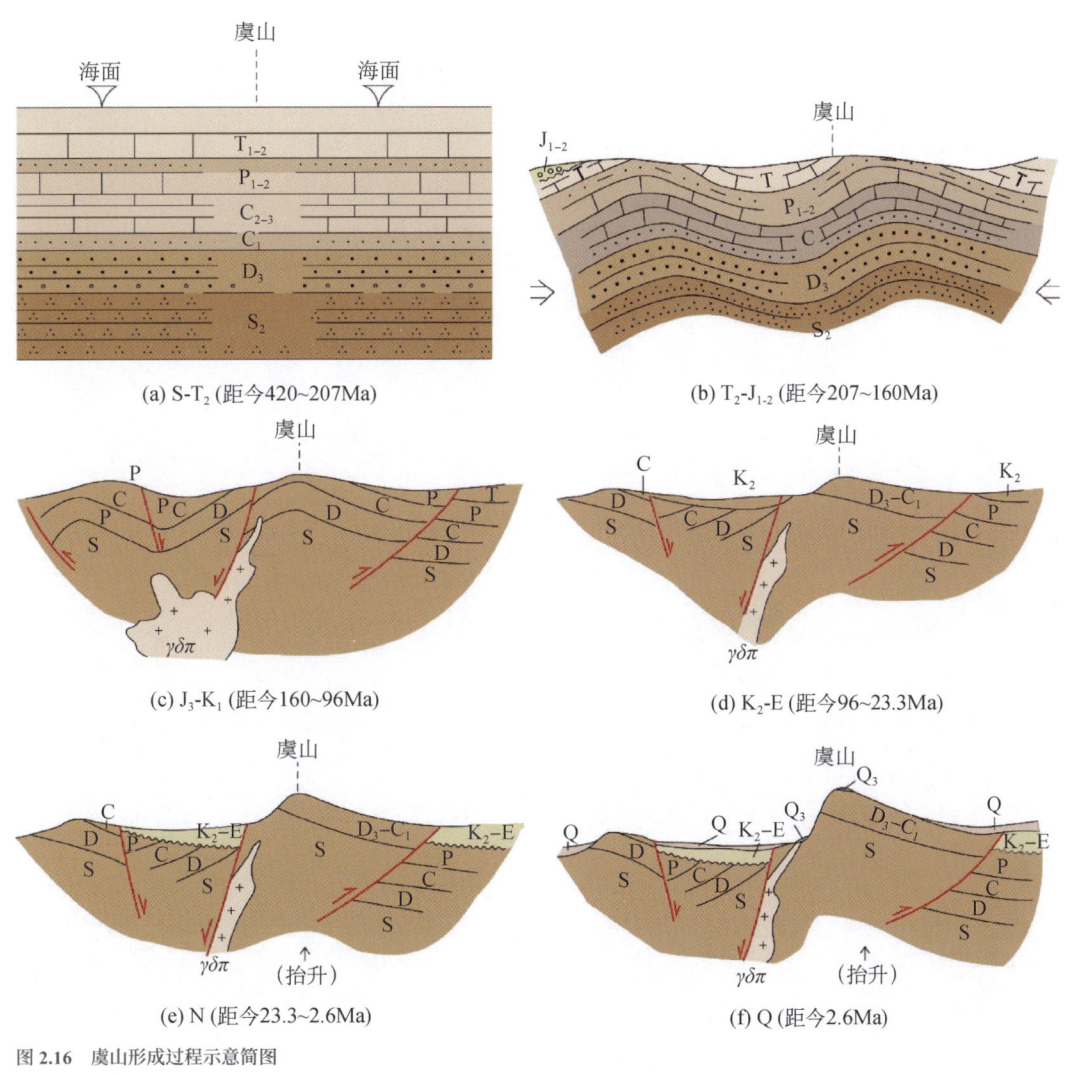

图2.16　虞山形成过程示意简图

地壳活动强烈，在水平挤压力作用下，褶皱、断裂发育，并有岩浆侵入与喷溢活动，如图2.16（c）所示；晚白垩世—古近纪，以拉伸运动为主的构造活动发育，造成了本区盆岭构造的基本格架，虞山断块形成，如图2.16（d）所示；新近纪新构造运动以来，区内差异性升降活动强烈，虞山断块继续抬升，周边地区不断下沉。虞山山脊受长期剥蚀形成夷平面，如图2.16（e）所示；第四纪以来，山体继续抬升，形成阶地地貌，最终造成现今的山势，如图2.16（f）所示。

太湖西山国家地质公园
Xishan National Geopark in Taihu Lake

第三章 野外地质教学实习路线

第一节　苏州地区

第二节　常熟虞山

第三节　上海松江佘山

第四节　舟山

第一节 苏州地区

路线一 🚩 基地 → 西山地质博物馆 → 西山岛东村 → 基地

目的任务:
1. 了解西山国家地质公园概况；
2. 辨识常见的矿物、岩石和生物化石标本；
3. 观察花岗岩与沉积岩的侵入接触关系和砂岩的接触变质作用。

准备工作:
1. 复习常见的矿物、岩石和生物化石鉴别特征；
2. 复习花岗岩的岩性特征；
3. 复习侵入接触关系和接触变质作用。

No.1 观察内容：西山国家地质公园典型地质现象介绍及标本观察

📍 **太湖西山地质博物馆**

该馆即西山国家地质公园博物馆，位于太湖西山岛缥缈峰景区水月坞（图3.1），建筑面积达6 000 m^2。该馆全方位、多尺度展示了太湖流域特有的区域地质构造、地层、古生物、岩溶、湖蚀地貌等自然景观资源，同时也展示了西山的自然、人文、地理风貌。

本点主要内容为：观看西山国家地质公园的宣传视频；阅览博物馆内有关西山国家地质公园重要地质现象的介绍海报；鉴赏博物馆内陈列的各种矿物、岩石和生物化石标本，其中最有特色的为一桌由岩矿标本组成的"满汉全席"（图3.2）。

图3.1 西山地质博物馆外观

图3.2 "满汉全席"

No.2 观察内容：西山岛东村燕山期花岗岩对观山组砂岩的侵入现象

📍 西洞庭山路与阴山岛路交叉路口

本点主要内容为观察燕山期花岗岩及晚泥盆世观山组（D_3g）石英砂岩岩性特征，寻找二者的接触界线。燕山期或燕山构造期，是侏罗纪至早白垩世早期（199.6～133.9 Ma）中国及周边地区发生构造活动的地质时期，最早由中国地质学家翁文灏提出。

结束西山国家地质公园博物馆的参观之后，沿西洞庭山路行驶至阴山岛路，在接近两路交叉点的阴山岛路路边，可见燕山期花岗岩露头。岩体中的矿物除石英外都已强烈风化，但原岩的结构和构造均基本保留，为等粒结构和块状构造，露头上部已风化发育成土壤。所以该处露头应为风化壳的半风化层［图3.3（a）］，但残积层不明显。向西沿公路断面矮坡前行约10 m，在地面上可见花岗岩又一处露头［图3.3（b）］，风化更加强烈，岩石的结构、构造已不明显。

继续前行约10 m，在地面可见砂岩露头［图3.3（c）］，因为在接触界线附近，经过侵入岩浆的高温烘烤而发生接触变质，原石英砂岩中的矿物已重结晶，难以分辨矿物晶体轮廓，岩石致密，敲击震手，整体特征与之前的花岗岩截然不同。燕山期花岗岩及晚泥盆世观山组石英砂岩的接触界线很模糊，推测已遭风化破坏，只能估计大致位置。

绕回到路口的西洞庭山路剖面，可见未受花岗岩侵入影响的晚泥盆世观山组石英砂岩地层［图3.3（d）］，与接触变质的砂岩直线距离相距仅约50 m，其间未见其他地质构造。

（a）燕山期花岗岩风化形成的半风化层　（b）接触界线附近的花岗岩　（c）接触界线附近的晚泥盆世观山组石英砂岩　（d）未受花岗岩侵入影响的观山组砂岩

图3.3 莫厘峰峰顶寺庙内地质现象

西山岛东村阴山岛路边花岗岩侵入砂岩　　西山岛东村阴山岛大路边剖面

据江苏省地质矿产局 1994 年堂里幅区域地质调查报告，西山岛堂里花岗岩的 K-Ar 同位素年龄为（112±1.7）Ma。此处东村燕山期花岗岩的岩性特征和侵入特征与之相似，两个岩体地理位置十分接近，推测应为同一期的侵入岩浆形成的岩体。

路线二　基地 → 东山莫厘峰 → 基地

目的任务：
1. 认识中志留世茅山组（S_2m）中段和上段岩层；
2. 认识晚泥盆世观山组（D_3g）底砾岩以及茅山组和观山组接触界线；
3. 分析茅山组（S_2m）岩层的沉积环境。

准备工作：
1. 复习碎屑岩的成分、结构和构造特征；
2. 复习不整合接触关系；
3. 复习河流和三角洲相的分析。

No.3　观察内容：茅山组中段沉积岩

📍 **莫厘峰山腰环山公路剖面**

莫厘峰山腰路边剖面

　　本点是沿公路的一段剖面，位于莫厘峰山腰处森林消防中队驻地旁边，由登山步道起始处沿公路向前即可看到该连续剖面。本点主要内容为观察中志留世茅山组中段石英砂岩，新鲜面呈红褐色或猪肝色 [图 3.4（a）]，中粒至细粒，分选较好，石英含量较多，另可见长石、云母等矿物。岩层产状倾斜，可见砂岩的侧向堆积 [图 3.4（b）]，适合练习测量岩层产状，以及训练绘制信手剖面图，需注意纵、横比例尺的选择。

（a）中志留世茅山组中段猪肝色砂岩　　　　　　　　（b）侧向堆积

图 3.4　莫厘峰山腰处

No.4 观察内容：茅山组上段沉积岩

📍 莫厘峰近山顶山路边剖面，慈云庵牌坊之后

本点出露中志留世茅山组（S_2m）上段石英砂岩，层位在 No.3 中段之上几十米处。需要说明的是，莫厘峰从山脚处开始出露茅山组中段砂岩，但未见下段岩层。直至山顶牌坊处附近，仍为茅山组中段砂岩。过牌坊后约 30 m，可见茅山组上段石英砂岩，呈褐黄色，石英砂岩中所含杂质较多，风化较重，明显区别于中段石英砂岩（图 3.5），但露头面积不大，可供认识茅山组上段岩性。

图 3.5　莫厘峰近山顶处中志留世茅山组（S_2m）上段石英砂岩

No.5 观察内容：茅山组顶层岩性、观山组底砾岩、茅山组和观山组接触关系

📍 莫厘峰峰顶寺庙院内剖面

该剖面位于莫厘峰山顶的慈云庵内，在佛堂主建筑的西侧。该剖面出露的地质现象较为丰富。中志留世茅山组（S_2m）[图 3.6（a）] 顶层岩石新鲜面为黄褐色，中层状，可见斜层理，碎屑为中粒。覆盖其上的晚泥盆世观山组（D_3g）[图 3.6（b）] 石英含量更高，可达 95% 以上，碎屑颗粒为中粗粒，发育粒序层理，砾石为石英，次圆到次棱角状，中厚层状，还可见剖面上部分岩层向两端尖灭。观山组石英砂岩中夹有灰白色的薄层粉砂岩，表明沉积环境的水深发生了变化 [图 3.6（c）]。山顶覆盖着观山组底砾岩 [图 3.6（d）]，厚层状，层面上砾石含量超过 80%，砾石直径多达数厘米，石英质，次圆—次棱角状，硅质胶结，岩石较坚硬，抗风化能力强，使得下伏的岩层免受快速风化剥蚀作用，推测这是莫厘峰仍维持现在高度的重要因素。

莫厘峰山顶寺庙内的茅山组与观山组接触界线

（a）莫厘峰顶中志留世茅山组（S_2m）

（b）晚泥盆世观山组（D_3g）的界线及界线处的粒序层理

莫厘峰峰顶观山组底砾岩

（c）观山组内的灰白色粉砂岩

（d）莫厘峰顶观山组（D_3g）的底砾岩

图 3.6　莫厘峰峰顶出露地质现象

路线三　基地 → 寒谷山 → 灵源寺 → 基地

目的任务：
1. 观察认识中志留世茅山组（S_2m）、晚泥盆世观山组（D_3g）岩性特征；
2. 认识观山组底砾岩并分析茅山组与观山组的接触关系；
3. 观察分析茅山组内的断层性质；
4. 练习后方交汇法定点。

准备工作：
1. 熟悉地形图的判读和罗盘的基本使用技能；
2. 复习碎屑岩的成分、结构和构造特征；
3. 复习断层的类型和判别方法。

No.6 观察内容：观山组与茅山组接触关系

📍 **东山寒谷山**

在环山公路的 9 号路牌附近沿山路登上寒谷山，可见观山组地层的大片出露。观山组（D_3g）上段，灰白色厚层中粗粒石英砂岩（图 3.7），石英含量可达 98% 以上，含少量暗色矿物，硅质胶结，正粒序层理。石英颗粒因重结晶并相互紧密嵌合而成为石英岩，由于其在晚泥盆世地层中，我们仍以砂类命名，称之为石英岩状砂岩。底部为薄层石英细砾岩，即底砾岩。

| 寒谷山观山组底砾岩；寒谷山石英砂岩池塘 | 寒谷山凉亭周边地貌；寒谷山周边地貌 |

图 3.7 晚泥盆世观山组（D_3g）厚层石英砂岩

在晚泥盆世观山组（D_3g）的下方为中志留世茅山组（S_2m），岩性为灰白带灰黄色中厚层细粒含岩屑石英砂岩。

观山组与下伏茅山组为平行不整合接触［图 3.8（a）］。主要依据：一是二者之间具有底砾岩［图 3.8（b）］；二是其间缺失晚志留世到中泥盆世地层；三是二者产状基本一致，观山组底砾岩产状为 NW283°∠18°。本点适合练习使用罗盘测量岩层产状。

（a）接触关系图　　　　　　　　（b）观山组底砾岩

图 3.8 晚泥盆世山组（D_3g）与中志留世茅山组（S_2m）

位于西山岛的两处剖面现因地貌变化而难以观察，图 3.9 显示了茅山组和观山组岩层的产状及接触关系，可对东山寒谷山的剖面现象进行补充。

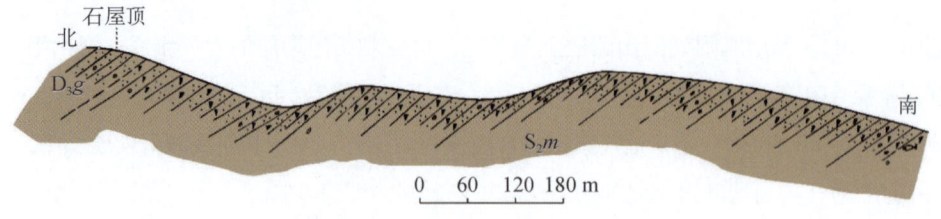

（a）吴中区西山镇石屋顶中志留世茅山组（S_2m）剖面

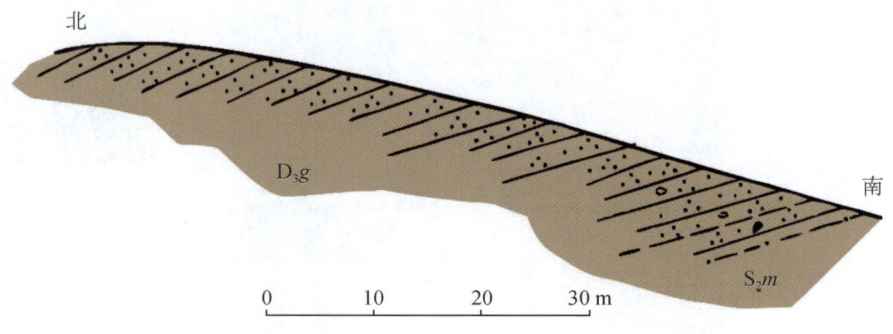

（b）吴中区西山镇石屋顶观山组（D_3g）剖面

图 3.9　吴中西山镇石屋顶剖面图

No.7　观察内容：寒谷山—碧云洞断裂

📍 东山寒谷山西侧太湖边

该断裂位于寒谷山西侧的太湖边，断裂发育在茅山组中，早年清晰可见（图 3.10），近年因天气和植被变化，已被沉积物部分覆盖。从岩性错位判断上盘（左盘）上升，下盘（右盘）下降，并有牵引褶皱，断层倾角 30°～50°，性质为逆断层。区域调查显示，该断裂所属断裂带主要形成于燕山一幕，其后与北西向断裂一起又有活动。空间上，该断裂带位于东山北西侧，主要分布在太湖水域，在地表仅寒谷山、碧云洞等地能见到，断裂走向北北东，倾向北西，倾角一般在 40°～50°。断裂带北部被余山岛－摆渡口断裂切割，长约 25 km，在寒谷山、碧云洞附近出露两条或两条以上的断裂。总体上，断裂附近岩石强烈硅化破碎，并多次重复出现晚泥盆世观山组（D_3g）、晚泥盆世至早石炭世擂鼓台组（D_3C_1l）地层。

图 3.10　寒谷山中志留世茅山组（S_2m）内发育的逆断层

No.8 观察内容：观山组中—厚层石英砂岩及薄层泥页岩

📍 灵源寺门前剖面

本点位于灵源寺大门前约 100 m 处公路边。出露晚泥盆世观山组（D_3g）中层至厚层石英砂岩，在公路边的垂向剖面上高度约 3 m，石英含量很高，约 98% 以上，层位在寒谷山出露的观山组砂岩之上 [图 3.11（a）]。倾斜岩层，节理发育，推测与寒谷山之间应有褶皱发育 [图 3.11（a）]。在与公路垂直相交的小路路边，可见石英砂岩中薄层泥页岩夹层 [图 3.11（b）]，约 30 cm 厚，显示沉积环境的变动。本点位是对寒谷山露头的补充观察，可认识在观山组底砾岩之上层位的岩性特征。

灵源寺观山组石英砂岩横纵剖面

（a）厚层的石英砂岩露头及疑似褶皱的枢纽

（b）中厚层石英砂岩中的薄层泥页岩

图 3.11 灵源寺前公路路边出露地质现象

路线四 🚩 基地 → 黄犊山 → 小南山 → 基地

目的任务：

1. 观察晚泥盆世至早石炭世擂鼓台组（D_3C_1l）碎屑岩岩性特征和向斜构造；
2. 观察认识早—中石炭世老虎洞组（$C_{1-2}l$）、中石炭世黄龙组（C_2h）和晚石炭世至早二叠世船山组（C_3P_1c）石灰岩岩性特征，内碎屑碳酸盐岩的宏观特征，初步熟悉碳酸盐岩基本特征与分类命名；
3. 观察描述沉积构造特征、识别古生物化石、分析沉积环境；
4. 观察分析船山组与黄龙组的接触关系；
5. 观察逆掩断层和张性断裂；
6. 掌握碳酸盐岩地层层面的识别。

准备工作：

1. 复习向斜构造；
2. 复习石灰岩的鉴别特征。

No.9 观察内容：晚泥盆世至早石炭世擂鼓台组（D_3C_1l）碎屑岩及向斜构造

📍 西山岛黄犊山

黄犊山出露的晚泥盆世至早石炭世擂鼓台组为一套碎屑岩建造，颗粒细，在剖面上根据粒度表现为泥岩—粉砂质泥岩—泥质粉砂岩—细砂岩。以水平层理为主，也发育少量板状交错层理、楔形交错层理。粉砂质泥岩及泥岩的主要矿物成分为绢云母（水云母）、石英、绿泥石和氧化铁。泥岩发育水平层理或块状，代表低能静水环境。泥岩中常有植物碎片，颜色常为紫红色，属湖泊沉积，形成于氧化环境。根据区域地质资料，七墩山晚泥盆世—早石炭世擂鼓台组（D_3C_1l）剖面中的泥岩含海相化石（图3.12）。以上特征显示为晚泥盆世—早石炭世，本区为潟湖—湖泊沉积环境。

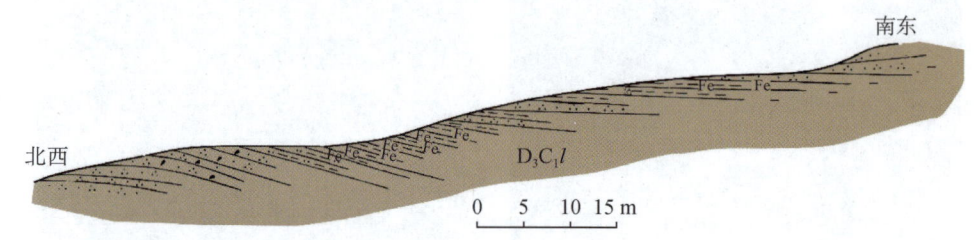

图3.12 七墩山晚泥盆世–早石炭世擂鼓台组（D_3C_1l）剖面

黄犊山褶皱是典型的向斜构造（图3.13）。发育于擂鼓台组中，从区域上看，地层从两翼向核部由老到新。该向斜的左翼产状较陡，右翼较平缓。在黄犊山还可见到厚度较厚的紫色泥岩，可作为陶土原料。

向斜属于褶曲的基本形态之一，与背斜相对，是一种形态上下凹、核部由新地层而两翼由老地层组成的褶曲。判别向斜不能简单根据其形态的下凹或下拗，要根据从核部向两翼的地层时代是否由新到老判断；若地层时代不明，则泛称向形。

西山岛黄犊山剖面

图3.13 黄犊山向斜

No.10 观察内容：老虎洞组（$C_{1-2}l$）

地点：西山辛村小南山

该剖面早年清晰可见，近些年已无法近前观察，一般在山顶远观，观察位置与 No.12 相近。

江苏省地质矿产局（1997）将老虎洞组（$C_{1-2}l$）定义为一套褐灰、灰色巨厚层粉细晶白云岩，中、下部含燧石结核及条带。与下伏和州组顶部灰黄、紫色泥铁质细粉晶白云岩分界，与上覆黄龙组底部含灰岩、白云岩残留岩块的巨晶灰岩分界，均为整合接触。在苏州西山地区，老虎洞组（$C_{1-2}l$）与下伏擂鼓台组（D_3C_1l）为平行不整合接触。

苏州西山地区，老虎洞组仅见于堂里、七墩山和辛村等地，且只在辛村处出露完整，可见顶底。西山辛村小南山地层层序及信手剖面图如下（图 3.14）。

上覆地层：黄龙组

⑧ 浅灰色中层粗晶灰岩

——————— 整合 ———————

老虎洞组（$C_{1-2}l$）

⑦ 浅灰色中薄层粉微晶白云岩

⑥ 灰色局部为浅灰色薄层粉晶白云岩

⑤ 深灰色薄层局部中层微粉晶白云岩

④ 灰色薄层粉晶白云岩，含石英细砾

③ 灰白色中层石英细砾岩，向上为石英砂砾岩，组成三个韵律，具正粒序层理

② 灰黄色中层石英粉细砂岩，含石英砾，钙质胶结

① 褐色中层中粗粒石英砂岩，含石英砾，具板状交错层理

——————— 平行不整合 ———————

下伏地层：擂鼓台组（D_3C_1l）桔黄色黏土岩

老虎洞组可分为上下两部分：

上部：④—⑦ 层，深灰、浅灰色薄—中薄层粉微晶白云岩，底部含石英细砾。

下部：①—③ 层，灰白色石英细砾岩、灰黄、褐色石英砂岩，含石英细砾。

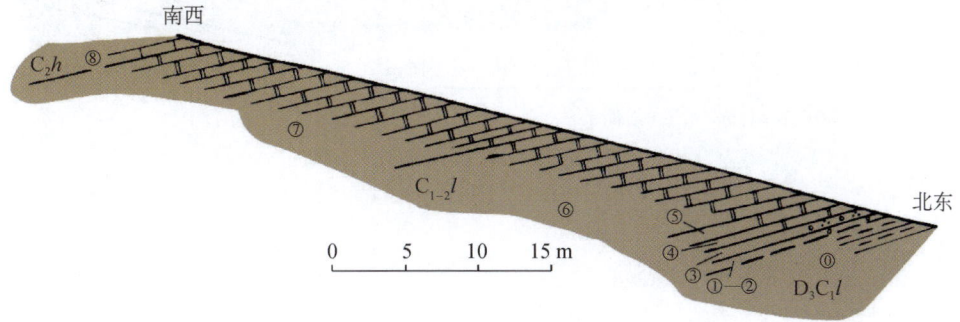

图 3.14　吴中区西山镇辛村老虎洞组（$C_{1-2}l$）信手剖面图

老虎洞组在区内岩性稳定，厚度变化不大。底部石英砾岩（砾石成分为脉石英、磨圆度及分选性良好，砾石粗细相间组成韵律，具正粒序层理，砾径一般为1～2 cm）、含砾石英细砂岩，钙质胶结，发育板状交错层理，指示海侵开始；其上为陆源碎屑与白云岩共生的含石英细砾白云岩，指示潮上带沉积环境；再上为粉晶白云岩，不含生物，表明气候炎热干旱，盐度比正常要高，指示潮间带沉积环境。老虎洞组上部白云岩可以作为冶金熔剂，亦可作为提取金属镁的原料。

No.11 观察内容：黄龙组（C_2h）岩性层序

📍 西山岛辛村小南山

江苏省地质矿产局（1997）将黄龙组（C_2h）定义为一套灰、浅灰肉红色厚层微晶灰岩、生物碎屑灰岩，底部为粗晶灰岩，含灰质白云岩角砾和团块，含丰富的蜓、珊瑚和腕足类等化石。下与老虎洞组（C_2l）细晶白云岩分界，上与船山组（C_3P_1c）灰色厚层灰岩分界，均为整合接触。

区内黄龙组出露很少，西山岛元山—辛村一带、祭山、大山以及三山岛有较大面积的出露，在瞳里湖等地有零星出露。

西山岛辛村小南山位于黄犊山南东侧，两者相距数百米。西山岛辛村黄龙组地层层序及信手剖面图如下（图3.15、图3.16）。

(1) 吴中区西山岛镇辛村黄龙组剖面（Ⅰ）（图3.15）。

　　黄龙组（C_2h）

　　上部

　　③ 灰白色厚层粉晶灰岩（未见）

　　② 浅灰—深灰色中厚层中粗晶白云质灰岩，上部为粗晶灰岩

　　① 浅灰色中层粗晶灰岩，含白云岩团块

　　——————— 整合 ———————

　　下伏地层：老虎洞组（C_2l）粉微晶白云岩

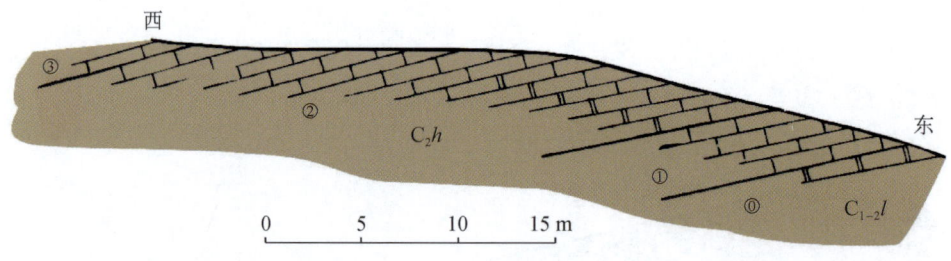

图3.15　吴中区西山镇辛村黄龙组信手剖面图

(2) 吴中区西山镇辛村黄龙组剖面（Ⅱ）（图3.16）。

　　上覆地层：船山组（C_2P_1c）

　　㉒ 粉微晶灰岩具泥质灰岩团块

　　——————— 整合 ———————

黄龙组（C_2h）

㉑ 浅灰色厚层含生物碎屑不等晶灰岩

⑳ 灰色厚层粉微晶灰岩

⑲ 灰色带深灰色斑点厚层生物碎屑粉晶灰岩，产蜓化石

⑱ 深灰色厚层含生物碎屑粉微晶灰岩，产蜓、四射珊瑚化石

⑰ 灰色带浅肉红色厚层含生物碎屑粉微晶灰岩

⑯ 灰色厚层生物碎屑微晶灰岩，具四射珊瑚礁体

⑮ 灰色带肉红色厚层球粒粉晶灰岩

⑭ 灰色局部深灰色巨厚层—厚层含生物碎屑粉微晶灰岩，下部颗粒相对较粗，为细粉晶灰岩，产蜓化石

⑬ 灰—深灰色厚—巨厚层粉微晶生物碎屑灰岩，部分层位生物碎屑含量减少，局部生物碎屑呈似层状分布，产蜓化石

⑫ 灰色—深灰色厚层含生物碎屑粉微晶灰岩，下部为粉微晶灰岩

⑪ 深灰色、浅灰色厚层—巨厚层含生物碎屑细粉晶灰岩，产蜓化石

⑩ 深灰色—浅灰色含生物碎屑粉微晶灰岩，上部为微晶灰岩

⑨ 浅灰—灰色巨厚层含生物碎屑微晶灰岩，上部为微粉晶灰岩，产蜓化石

⑧ 灰色巨厚层微晶灰岩

⑦ 浅灰色巨厚层含球粒细粉晶灰岩，含硅质，呈团块状或似层状、层状分布

⑥ 浅灰色巨厚层含硅质微粉晶灰岩，单体四射珊瑚

⑤ 浅灰色巨厚层生物碎屑粉微晶灰岩，顶部 20 cm 为灰岩角砾岩，产蜓、四射珊瑚化石

④ 浅灰色巨厚层粉微晶灰岩

③ 灰白色中厚层含生物碎屑微晶灰岩

② 浅灰色巨厚层微晶灰岩，具缝合线

① 灰色巨厚层含球粒微粉晶灰岩，局部含白云质（未见底）

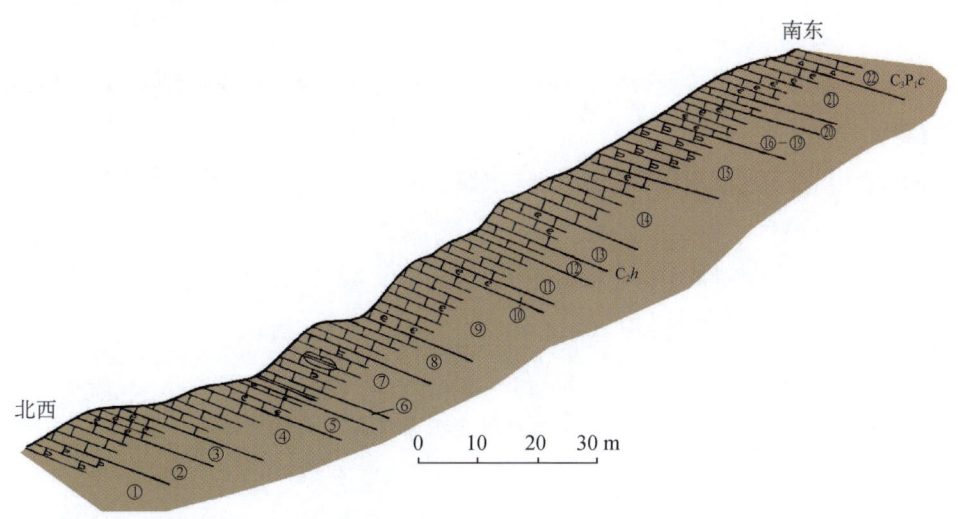

小南山船山组泥质团块；西山岛小南山山脚黄龙组灰岩1；西山岛小南山山脚黄龙组灰岩2

小南山船山组生物化石；小南山山腰黄龙组与船山组界线处灰质同生角砾岩

图 3.16 吴中区西山镇辛村黄龙组信手剖面图

本剖面控制黄龙组厚度，其中①层大致相当于上一剖面的③层。

西山地区黄龙组可分为两部分：上部以浅灰—灰色厚层—巨厚层生物碎屑微粉晶灰岩为主，次为微晶灰岩、含硅质微粉晶灰岩，产大量的䗴、非䗴有孔虫、珊瑚等化石，厚度较大，估计接近100 m；下部为浅灰色中厚层粗晶灰岩、白云质灰岩，厚度较小，估计10 m左右。

黄龙组厚度变化不大，岩性稳定，基本无变化。尤其是辛村剖面（Ⅱ）（图3.16）上的⑥层，含硅质微粉晶灰岩，估计厚度3 m左右，在西山地区内只要有黄龙组出露就能见到，东山地区的钻孔中亦能见到该层，可以作为一个标志层。

西山地区黄龙组下部的粗晶灰岩为次生产物，粗晶方解石之间可见残留的微晶灰岩原岩，底下则可见白云质灰岩，呈团块状，与下伏地层老虎洞组呈整合接触。

黄龙组灰岩质纯，可作为冶金熔剂及良好的水泥、石灰的原料，已被大规模开采利用。

从生物群看，黄龙组的形成时代与宜溧地区和宁镇地区的威宁中早期相当，其年代地层归属应为石炭系上统威宁阶中下部。

结合区域地质资料（江苏省地质矿产局，1997），黄龙组这套含生物化石的灰岩指示其沉积环境经历了非正常浅海—正常浅海—非正常浅海—正常浅海的过程，正常浅海的持续时间可能远比非正常浅海的持续时间长，总体上指示了海侵过程，方向为由东向西。

No.12 观察内容：船山组（C_3P_1c）岩性层序

📍 西山辛村小南山

江苏省地质矿产局（1997）将船山组（C_3P_1c）定义为：以灰色厚层结晶含藻球构造灰岩、生物碎屑灰岩为特征，夹深灰色中、厚层、薄层状微晶灰岩及少量碳质页岩、钙质泥岩和灰质砾岩，含丰富䗴、珊瑚等化石的一套岩石，与下伏黄龙组、上覆栖霞组均呈平行不整合接触，在区域上可为整合接触。

西山地区船山组在元山—辛村一带，祭山、三山岛和龙洞山等地有较大面积出露，另外在大山、居山等地有零星出露。

西山辛村船山组地层层序及信手剖面图如下（图3.17）。

　　船山组（C_3P_1c）

　　⑤ 深灰—灰黑色厚层局部薄层微晶灰岩，其中含较多的泥质，局部成为由泥质胶结的角砾状灰岩，具平行层理（未见顶）

　　④ 灰色中厚层鲕粒细粉晶灰岩，含少量泥质灰岩团块

　　③ 浅灰色下部带深灰色中厚层含生物碎屑微粉晶灰岩，局部为微晶灰岩，含不规则泥质灰岩团块

　　② 深灰色局部灰黑色上部浅灰—灰色巨厚层—厚层粉晶球粒灰岩，局部为鲕粒灰岩，

具平行层理及斜层理

① 灰色中厚层粉微晶灰岩，底部为角砾状灰岩，具深灰色泥质灰岩团块

──────── 整合 ────────

下伏地层：黄龙组（C_2h）浅灰色含生物碎屑粉微晶灰岩

本剖面船山组厚度估计为 16 m 左右。

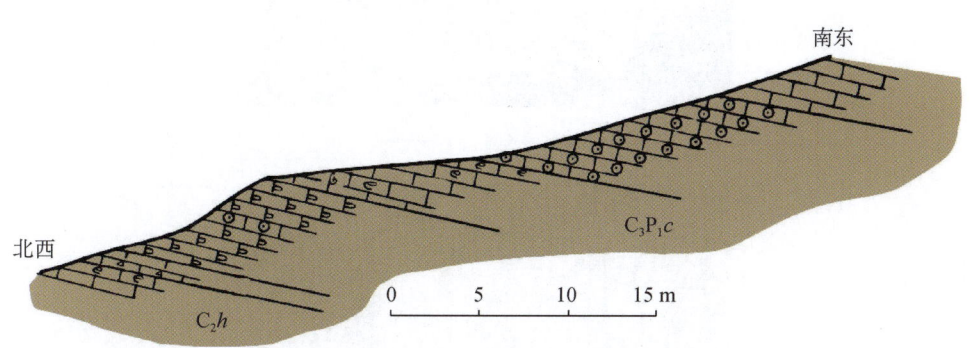

图 3.17　吴中区西山镇辛村船山组信手剖面图

在石公山，船山组岩性为灰黑色、浅灰黑色中厚层微晶灰岩，产𧏖和珊瑚。西山地区船山组岩性变化不大，厚度稳定，西山地区厚度估计大于 60 m。

在本剖面上，船山组与黄龙组的接触界线清楚。船山组的底界为一层角砾状灰岩，角砾成分为灰色微粉晶灰岩，砾径一般小于 1 cm，胶结物为砾屑—砂屑、方解石颗粒及海百合茎等，含有机质，可视为同生角砾。因此，船山组与下伏黄龙组为整合接触关系。

船山组灰岩可作为冶金熔剂及良好的水泥、石灰的原料，已被大规模开采。

根据船山组岩性和生物化石特征，船山组的沉积环境较威宁中早期相比有了改变。岩性为球粒灰岩、鲕粒灰岩，含生物碎屑灰岩，微晶灰岩，局部成为由泥质胶结的角砾状灰岩，局部可见平行层理及斜层理，生物以𧏖类为主，沉积环境应为局限台地—台地边缘浅滩—开阔台地（陆棚潟湖）环境，发生过海退。

No.13　观察内容：辛村断裂

📍 小南山

观察点位于小南山山顶。该断裂走向北西，倾向北东，倾角近直立，北东盘地层为黄龙组、老虎洞组和擂鼓台组，南西盘为黄龙组，性质为逆断层。断层带内有方解石脉充填，节理十分发育（图 3.18）。

（a）断层带中的方解石脉

（b）黄龙组灰岩中发育的节理

图 3.18　小南山辛村断裂

No.14　观察内容：逆掩断层

📍 小南山

该逆掩断层在地表呈向北开口的弧形，倾角平缓，倾角小于 27°，上盘地层为老虎洞组，下盘地层为黄龙组（图 3.19）。

（a）逆掩断层东侧

（b）逆掩断层西侧

图 3.19　小南山逆掩断层

路线五　基地 → 马石山 → 金钉子辅助剖面 → 基地

西山岛马石山

目的任务：

1. 观察二叠纪长兴组（P_3c）、早三叠世青龙组（T_1q）的岩性组合特征，熟悉碳酸盐岩基本特征与分类命名；
2. 观察描述沉积构造特征，分析沉积环境；
3. 观察寻找四射珊瑚、腕足动物与䗴化石；
4. 观察二叠系—三叠系界线（P–T 界线）；
5. 观察向斜与断裂构造。

准备工作：

1. 提前阅读实习指导书第二章区域地质概况的地层部分，了解实习区地层分布及各时代地层的划分和主要岩性特征；
2. 准备必需的野外实习用品（如：量角器）。

江苏省地质矿产局（1997）将长兴组（P_3c）定义为岩性由灰色微晶至粉晶灰岩、生物碎屑灰岩和白云质灰岩组成，局部含燧石条带和结核，下部夹流纹质晶屑凝灰岩薄层。下与龙潭组（P_2l）砂岩呈整合或平行不整合接触；上与青龙组（T_1q）底部泥岩呈整合接触。在江苏省内未发现流纹质晶屑凝灰岩。

在苏州西山实习区，长兴组主要出露在徐石山、马石山以及西山岛北东的一个无名小岛。西山镇徐石山长兴组剖面具有相对完整的层序（图 3.20），我们以徐石山剖面为例介绍本区长兴组岩性层序特征（江苏省地质矿产局，1997），但实习点选在马石山。

吴中区西山镇徐石山长兴组层序：

长兴组（P_3c）

上部：

⑩ 灰色厚层夹中层微粉晶灰岩，上部为含生物碎屑微晶灰岩，未见顶，产䗴化石

⑨ 褐灰—灰色中厚层—巨厚层藻球粒微粉晶灰岩，具大型缝合线，产䗴化石和珊瑚化石

⑧ 灰白带浅肉红色巨厚层粉微晶生物屑灰岩，具水平层理，局部具斜层理，产䗴化石

下部：

⑦ 灰带肉红色厚—巨厚层白云质粉晶灰岩，局部夹一层深灰色中厚层细晶白云岩，具斜层理，产䗴化石

⑥ 灰白色中薄层细晶白云岩，局部夹微晶灰岩

⑤ 灰黄带肉红色厚层白云质细晶灰岩

④ 浅灰色厚—巨厚层粉细晶灰岩，上部局部具白云质团块，产䗴化石和珊瑚化石

③ 灰白色中厚—厚层微粉晶灰岩，产珊瑚化石
② 浅灰色厚层含灰质白云岩，缝合线发育
① 深灰色厚—巨厚层细晶灰岩

———— 整合 ————

下伏地层龙潭组（P*l*）：

⓪ 灰白色厚层细粒岩屑石英砂岩，顶界为泥岩

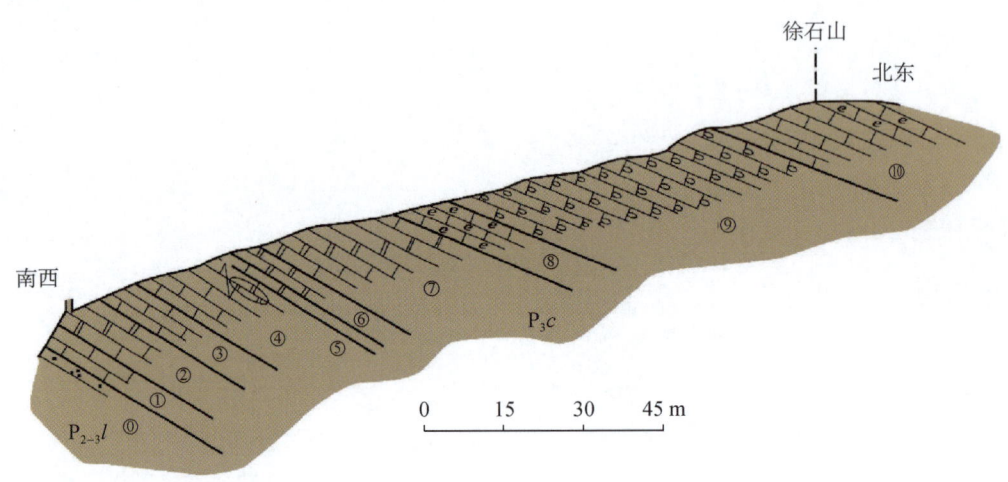

图 3.20 吴中区西山镇徐石山长兴组信手剖面

总体上，长兴组岩性大体上可以分成上下两部分。上部：褐灰—灰、灰白带浅肉红色中层—巨厚层藻球粒微粉晶灰岩、生物碎屑灰岩和微粉晶灰岩，具水平层理，局部具斜层理，估计厚度 50 m。下部：浅灰—深灰、灰带浅肉红色厚—巨厚层局部中薄层白云质粉细晶灰岩、细晶白云岩和粉细晶灰岩，局部具斜层理，估计厚度 60 m。长兴组以深灰色厚—巨厚层细晶灰岩或含燧石灰岩为底界，与下伏地层龙潭组顶界岩屑石英砂岩呈整合接触。长兴组灰岩可作为烧制水泥、石灰的原料。该组中的白云岩可作为冶金熔剂及提取金属镁的原料。

根据长兴组岩性和生物化石特征，长兴期沉积环境经历了由下部潮上带到潮下带，再逐渐转为上部正常的浅海陆棚，海水逐渐加深，海侵方向由东向西，到长兴期末，海水变浅，沉积物以泥质为主，产腕足类，为滨浅海环境。

No.15 观察内容：马石山向斜、马石山断裂

📍 马石山西侧采石坑

1. 马石山向斜

马石山向斜出露的地层为晚二叠世长兴组（P$_3$c）（图 3.21），在向斜的左下方为龙潭组（P$_2$l）（西山煤矿），右后方为早三叠世青龙组（T$_1$q），与长兴组（P$_3$c）之间为马石山断裂，因此是向斜

无疑。

该向斜由于核部受到挤压，使得晚二叠世长兴组石灰岩坚实不易被侵蚀，形成相对高地。

2. 马石山断裂

马石山断裂走向为北北东向，倾向北西西，倾角 65°，延伸长度 1.2 km，北西盘为长兴组，南东盘为青龙组，断裂附近岩石破碎，断裂面上见有擦痕、阶步等，性质为逆断层。

图 3.21　马石山向斜（镜头方向：E）

No.16　观察内容：二叠系—三叠系界线（P–T）

📍 马石山东侧采石坑

1. 二叠系—三叠系（P–T）界线

显生宙以来发生了五次生物大灭绝，都有良好的生物化石记录，发生在古生代和中生代之交的 P–T 界线是第三次，海洋生物灭绝超 90%，陆地生物灭绝超 70%，是规模最大的一次，在本区域马石山就有良好的地层记录（图 3.22、图 3.23）。

西山马石山二叠系—三叠系界线地层层序（图 3.23）

青龙组（T_1q）

⑦ 黄绿色泥岩夹泥灰岩，产双壳类

⑥ 灰色泥灰岩

⑤ 灰黑色泥岩，产双壳类

④ 灰黄色黏土岩

③ 灰色泥质石灰岩，产腕足类

② 黑色泥岩，产腕足类

① 灰黄色黏土岩

———— 整合 ————

长兴组（P_3c）灰色灰岩，产䗴化石

图 3.22　马石山二叠/三叠系界线剖面图

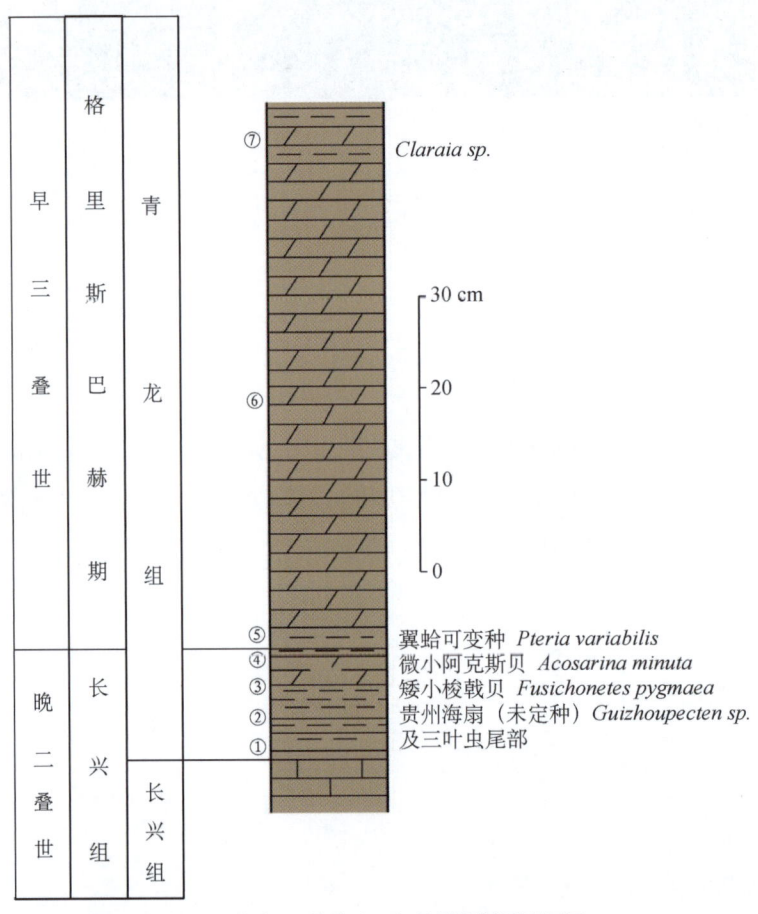

图 3.23　苏州西山马石山二叠系—三叠系（P–T）地层界线柱状剖面图

中科院南京地质古生物研究所（1987）将 P–T 界线置⑤层与④层之间。从 P–T 地层界线看，青龙组②、③层的腕足类和双壳类动物群的时代为晚二叠世长兴期末，而⑤、⑦层的双壳类动物群时代为早三叠世（图 3.23）。

从岩石地层划分上看，青龙组与下伏长兴组碳酸盐岩为连续过渡的整合接触关系，二者之间有一层 2～3 cm 的白色黏土岩作为二叠系与三叠系的分界标志。显而易见，长兴组以碳酸盐岩为顶界，其上的泥岩等应均归为青龙组。

从剖面上看,青龙组从晚二叠世长兴期末就开始沉积。

No.17 观察内容：西山推覆构造

📍 由古樟园南侧公路路桥上向西观察

推覆构造通常为一巨大的外来岩块（推覆体），沿着一个角度很小的滑动面（逆掩断层，即低角度逆断层，断层面倾角在10°～15°）发生长距离位移，推覆于较新的岩层之上。

根据江苏省地质矿产局（1994）的区域地质调查资料[1]，苏州西山—东山地区发育有四个推覆构造，即瞳里湖推覆构造、西山推覆构造、东山推覆构造和西泾山推覆构造，由北西向南东推覆，各推覆构造之间依次呈叠瓦状排列，主要形成于燕山一幕。本点观察西山推覆构造。

西山推覆构造位于西山中西部，呈北东向，向南被桔山—平台山断裂切割，向北延伸至苏州西部地区，总长达23 km，在西山地区长度约8 km，宽约3 km，组成了西山岛山体的主体部分。

1. 逆掩断层

根据江苏省地质矿产局（1994）的区域地质调查资料，西山推覆构造中的逆掩断层为东河—东蔡断裂，走向北北东，倾向北西西，倾角在10°左右，地表局部较陡，可达40°以上。地表在西山金铎山、徐石山和马石山等地能见到，但地表覆盖较厚。在马石山南侧，中志留世茅山组（S_2m）推覆在晚二叠世长兴组（P_3c）之上，而长兴组又以上盘断块形式逆冲在早三叠世青龙组（T_1q）之上，并使其内部发生多重顺层滑动，形成近于平卧的褶曲（图3.24），断层下盘发育阶步，指示其推覆方向为北西西向南东东。

图3.24 马石山—杜背山逆掩断层（东河—东蔡断裂）

2. 外来岩块（推覆体）

根据江苏省地质矿产局（1994）的区域地质调查资料，西山推覆构造的外来岩块由茅山组（S_2m）、观山组（D_3g）、擂鼓台组（D_3C_1l）和黄龙组（C_2h）组成，地层走向从西向东，逐渐由东西

---

[1] 资料来源：江苏省地质矿产局，1994，1/50 000堂里幅、东山幅、吴江幅区域地质调查报告。

向转为北东向，倾向北—北西，总体为单斜层。外来岩块中断裂构造发育，多为北西—北北西向，在缥缈峰附近数条断裂呈放射状，向北北西收敛，断裂性质以张性为主。沿断裂构造有燕山晚期花岗斑岩侵入，表明断裂形成时代早于燕山晚期。此外，在推覆体前缘的东河镇附近，可见一飞来峰。飞来峰在平面上近圆形，直径约 250 m，由茅山组（S_2m）组成，其四周为二叠纪龙潭组（P_2l）。

路线六　基地 → 西山林屋山 → 基地

目的任务：

1. 观察岩溶地貌特征，初步熟悉地下溶洞的发育特点及流水的冲刷作用；
2. 基本掌握溶洞次生化学沉积的类型与分类命名；
3. 观察地表岩溶地貌的发育特征；
4. 观察寻找四射珊瑚、腕足动物与蜓化石。

准备工作：

1. 了解岩溶作用的相关知识；
2. 准备必需的野外实习用品（包括量角器）。

本条路线主要与喀斯特（岩溶）地貌有关。喀斯特，即岩溶，岩溶作用是水对可溶性岩石（碳酸盐岩、石膏和岩盐等）进行以化学溶蚀作用为主，流水的冲蚀、潜蚀和崩塌等机械作用为辅的地质作用，以及由这些作用所产生的现象的总称。

No.18　观察内容：溶洞

📍 西山林屋洞

林屋洞位于龙洞山（林屋山），面积超 6 000 m²。溶洞明显受岩性（石炭纪船山组灰岩）、构造和流水作用的控制。林屋洞顶面与层面一致，顶平如屋，立石如林故名林屋洞。洞顶与洞底沿节理或断裂构造发育溶沟，溶沟之间的石芽组成洞内石林，洞壁上有明显的水痕线。洞内还有地下河、隐泉等，溶洞发育有较好的次生化学堆积，表现为石钟乳、石幔和石灰华等。

林屋洞洞顶节理及岩溶；
林屋洞洞内地面节理 1；
林屋洞洞内地面节理 2

No.19　观察内容：岩溶地貌、生物化石

📍 西山龙洞山

龙洞山位于林屋洞景区东部，离西山镇约 3 km。龙洞山，又称洞山、林屋山。山高仅 57 m，由

石炭纪船山组灰岩组成。山体以岩溶地貌发育为特点。

龙洞山山体呈圆形，无山脊线，山坡为凸形，坡度平缓，10°～25°，冲沟不发育。龙洞山表面岩溶形态有：溶痕、溶（蚀）沟、石芽（石林）和落水洞（图 3.25）。龙洞山顶的溶沟形成"一线天"地貌，曲折纵横，南北长超 80 m，溶沟宽 1 m 以内，深 2～4 m，山坡裸露的石灰岩似草原上的羊群（图 3.25）。

（a）石芽、溶蚀沟

（b）溶沟发育成"一线天"

（c）大型溶蚀沟

（d）羊群地貌（落水洞隐藏其中）

图 3.25　龙洞山岩溶地貌

龙洞山由石炭纪—二叠纪船山组石灰岩组成，海相化石十分丰富，主要有䗴类、珊瑚、腹足类和腕足类等化石（图 3.26）。

林屋洞山顶生物化石及溶沟

图 3.26　龙洞山顶之南东侧出露的化石

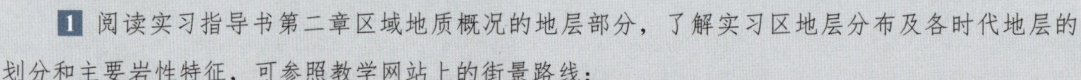

路线七　基地 → 西山石公山 → 基地

目的任务:

1. 观察石炭纪—二叠纪船山组（C_3P_1c）岩性组合特征;
2. 观察湖蚀地貌;
3. 观察寻找四射珊瑚、腕足动物与䗴化石;
4. 观察断裂构造。

准备工作:

1. 阅读实习指导书第二章区域地质概况的地层部分，了解实习区地层分布及各时代地层的划分和主要岩性特征，可参照教学网站上的街景路线;
2. 准备必需的野外实习用品（包括量角器）。

360°全景路线及类型地质现象照片

石公山海拔 50 m，东西长约 200 m，南北宽约 350 m，山体由石炭纪—二叠纪船山组（C_3P_1c）灰岩组成，发育岩溶地貌和湖蚀地貌，是西山风景旅游景点，著名的有高 12 m 的石公"第一胜景"巨型石壁——云梯；最宽处达 70 cm 的一线天；高数米的湖蚀崖；湖蚀洞"花冠洞"；较大的溶洞如归云洞、夕光洞；以及由层间滑动形成的明月坡。湖蚀地貌是石公山的典型地貌。

No.20　观察内容：北东向断裂带

📍 **石公山景区入口处山体**

该处为一组北东向—北北东向断裂带，受推覆构造外来岩片的挤压，使断裂带内各断层呈阶梯状排列（图 3.27），岩石呈条带状。断裂带内岩石破碎，可见方解石化、褐铁矿化等，其性质为逆断裂。

图 3.27　石公山景区内北东向断裂带

No.21　观察内容：生物化石

📍 花冠洞—归云洞

石公山出露的地层为石炭—二叠纪船山组（C_3P_1c）灰岩，生物化石非常丰富，主要有蜓类、珊瑚、腹足类、腕足类等化石（图 3.28）。

图 3.28　石公山石炭纪—二叠纪船山组（C_3P_1c）地层中的蜓类化石

No.22　观察内容：归云洞

📍 归云洞

归云洞的形成受两组断裂控制［图 3.29（a）］，岩溶现象不明显。洞顶沿节理发育有次生化学沉积——微型石帘［图 3.29（b）］等。

（a）石公山景区受断裂控制形成的归云洞　　　　　　　（b）洞内次生化学沉积——微型石帘

图 3.29　归云洞地质现象

No.23　观察内容：湖蚀地貌

📍 石公山湖蚀崖

本点观察的湖蚀地貌主要包括湖蚀崖和湖蚀洞穴（图 3.30）。

湖蚀崖是基岩湖岸受湖水波浪侵蚀、掏刷而形成的一种向湖的悬崖陡壁。湖岸在波浪的长期撞击、磨蚀下，在湖面高程附近被侵蚀成凹穴，穴上的岩石被悬空，波浪继续侵蚀，悬空岩石崩坠，遂成为近于直立的岩壁。湖蚀崖的形成过程与海蚀崖类似，但规模较小。石公山湖蚀崖高度为 3～8 m。

湖蚀洞穴是湖蚀崖上因湖浪侵蚀作用而形成的大致等高并断续分布的凹槽，有的在湖蚀穴上方还有古湖蚀洞穴，有的被砂砾石充填。

（a）湖蚀崖　　　　　　　　　　　　　　　（b）湖蚀洞穴

图 3.30　石公山景区观景湖蚀地貌

No.24 观察内容：断层构造

📍 石公山一线天

"一线天"处的断裂走向为北东向，倾向北西，倾角70°（图3.31）。断裂面上可见断层擦痕、断层角砾岩和阶步，并有褐铁矿化，性质是先压后张的逆断层。

(a) 断裂形成的"一线天"

(b) 断裂

(c) 断层角砾岩

(d) 断裂面上的褐铁矿化

图3.31 石公山"一线天"处的断裂

No.25 观察内容：顺层滑动断层

📍 明月坡

明月坡是一个层面，也是一个顺层滑动的断层面[图3.32（a）]，发育于船山组（C_3P_1c）地层中，倾向北东，倾角在5°左右，微倾斜入湖。断层面上可见大型阶步、断层角砾岩和褐铁矿化[图3.32（b）]，性质为压性正断层。

(a)明月坡　　　　　　　　　　　　　　　(b)断层阶步与褐铁矿化

图 3.32　明月坡地质现象

路线八　基地 → 西山缥缈峰 → 基地

目的任务：

1. 观察砂岩地貌特征；
2. 观察中志留世茅山组（S_2m）地层的沉积构造，分析沉积环境。

准备工作：

1. 准备必需的野外实习用品（包括量角器）。

石英砂岩是由硅质胶结的砂岩，抗风化和侵蚀作用强，常形成相对高起的山岭；胶结不坚实的粗砂岩、长石砂岩则常形成丘陵或盆地。因砂岩的矿物成分、硬度和胶结程度不同，发育的地貌也不相同。如湖南和江西中部的红砂岩丘陵，安徽南部、浙江西部的红砂岩盆地，彼此串通相联，内部广泛分布砂岩缓丘。

中国主要有三大砂岩地貌，即丹霞地貌、砂岩峰林地貌和嶂石岩地貌。丹霞地貌是红色砂砾岩在内外营力作用下发育而形成的方山、奇峰、陡崖、赤壁、岩洞和巨石等特殊地貌，最早被发现于广东仁化丹霞山，因其形态类似于岩溶峰林，故有假岩溶之说。砂岩峰林地貌是以侵蚀构造为主导作用，由石英砂岩形成的砂岩峰林地貌，如湖南省武陵源景区的张家界就是典型的砂岩峰林地貌。嶂石岩地貌为按岩性分类确立的一种新型的地貌类型，主要由易于风化的薄层砂岩和页岩形成，多形成绵延数千米的岩墙峭壁、三叠崖壁，除顶层为石灰岩外，多由红色石英岩构成，此种地貌以我国河北省赞皇县嶂石岩景区命名。

No.26 观察内容：砂岩地貌

缥缈峰

本实习点由实习老师在缥缈峰峰顶全方位给学生讲解砂岩地貌的特点。西山主峰缥缈峰及周边，是由志留纪—泥盆纪碎屑岩组成的丘陵地貌（图3.33），高程60～336.6 m，山体呈脉状、折线状和枝状。走向明显，主要为北东向、东西向，次为南北向、北西向。

图 3.33 苏州西山岛碎屑岩地貌远眺图（最高峰为缥缈峰）

坚硬碎屑岩组成的丘陵，其山顶多呈尖形，有明显的山脊线，多为分水岭，如缥缈峰—昆山一线分南北两个水系。该类丘陵的山坡有直线形、凸形、凹形和复合形。山坡坡度一般为20°～30°，个别为30°～35°，地形与坡度均受地层产状、岩性控制。

碎屑岩组成的丘陵区微地貌有平底谷、冲沟、常流冲沟、泉、陡崖及小型瀑布。其中只有在大雨过后才出现瀑布。

碎屑岩丘陵，风化形成的土壤偏酸性，有利于植物的生长，故植被茂盛，山顶及山腰上部为以松树为主的针叶林，山腰中下部为果木林、茶树等，在卫星相片上呈浅棕—棕红—褐红色，植被越密，颜色越深。在航片上丘陵区比平原区一般颜色较深。

丘陵区冲沟较发育，冲沟上游一般为V形，下游特别是沟口大多为平底谷，平面上冲沟呈直线形，上游大多呈枝状，下游为直线或折线形，冲沟长度一般在1～2.5 km。较大的冲沟一般常年流水。冲沟发育多与断层有关，少量与软弱地层有关。

缥缈峰山顶俯瞰周边地貌；缥缈峰峰顶周边地貌

No.27 观察内容：中志留世茅山组（S_2m）中沉积构造

缥缈峰山腰公路沿途

中志留世茅山组（S_2m）砂岩中沉积构造非常发育，在缥缈峰的公路一侧崖壁上清晰可见，常见板状交错层理、平行层理（图3.34）。此外，还可见砂岩透镜体和岩屑石英砂岩中有大量的泥砾（图3.35），砂岩中的泥砾因风化剥蚀而成为空洞，据此可将此类岩石命名为含泥砾岩屑石英砂岩。

板状交错层理的特点是层系上下界面平直，呈板状，厚度稳定不变或变化不大，各层系内的细层倾向常为同向。这种交错层理由具平直脊的波痕迁移而成。层系厚大于10 cm为大型板状交错层理，层系厚5～10 cm为中型板状交错层理，层系厚小于5 cm为小型板状交错层理。大、中型板状交错层理常是河流凸岸坝、潮道等环境中的典型层理。薄层砂岩透镜体，岩石结构以细粒为主，少量为中粒，向两侧追踪逐渐尖灭。属边滩沉积的砂岩透镜体，在三角洲相中常见。

缥缈峰山腰路边茅山组砂岩1；
缥缈峰山腰路边茅山组砂岩2

图3.34 茅山组（S_2m）砂岩中的大型板状交错层理

图3.35 茅山组（S_2m）含泥砾岩屑石英砂岩

路线九　基地 → 虎丘山 → 基地

目的任务：

1. 观察火山碎屑岩的岩性特征；
2. 观察断裂构造及两组断裂的先后关系；
3. 观察X形节理特征。

准备工作：

1. 了解火山碎屑岩的分类方法；
2. 准备必需的野外实习用品（包括量角器）。

火山碎屑岩属于喷出岩，其中 50% 以上的成分由喷出的火山碎屑物质组成。火山碎屑包括岩屑、晶屑、玻璃质屑、浆屑、火山块（直径大于 50 mm）、火山砾（直径 2～50 mm）和火山灰（直径小于 2 mm）。苏州虎丘发育火山碎屑岩，可见两个韵律，厚度较薄。底部韵律由石英粗安岩、粗安质角砾熔岩组成，上部韵律为玻屑、晶屑凝灰岩夹中粒长石砂岩。区域上对应于黄尖上段旋回的第 1～2 韵律。

No.28　观察内容：火山碎屑岩

📍 **虎丘试剑石**

本点岩性包括含角砾凝灰岩、角砾凝灰岩（图 3.36）和凝灰角砾岩三种，具体命名以角砾含量多少来确定。含角砾凝灰岩，角砾含量＜25%，凝灰成分＞75%；角砾凝灰岩，角砾含量 25%～50%，凝灰成分 50%～75%；凝灰角砾岩，角砾含量为 50%～75%，凝灰成分 50%～25%。

图 3.36　苏州虎丘公园试剑石处的角砾凝灰岩

No.29　观察内容：火山碎屑岩、断层与节理

📍 **虎丘千人石、剑池、第三泉**

1. 火山碎屑岩

本点处的火山碎屑岩包括两种。第一种，英安质玻屑凝灰岩：玻屑凝灰结构，晶屑与岩屑含量为 10%～15%，胶结物为火山玻璃与火山尘，含量 85%～90%；第二种，英安质岩屑晶屑凝灰岩（图 3.37）：岩屑晶屑结构，晶屑有石英（1%）、斜长石（55%～60%），岩屑有安山岩、英安岩、凝灰岩，含量 25%，胶结物为火山灰细碎屑，含量 15%～20%。

根据江苏省地质矿产局（1994）的区域地质调查资料，苏州地区的凝灰岩种类具有从酸性到中酸偏碱性再到中酸性递减的规律，反映酸性岩浆黏度大、爆发强的特点。

凝灰岩中的玻屑是熔浆喷至空中后很快冷却成玻璃，由内部挥发组分在外部压力骤然降低时炸碎而成。玻屑并不稳定而会逐渐转变为结晶物质，常由石英、长石的微晶结合而成。形态多种，有鸡骨状、针状、纤维状、鳞片状、弧面棱角状以及撕裂状等形态，在岩石中也有呈胶结物出现的隐晶火山灰。

凝灰岩中的晶屑主要成分为石英、斜长石及钾长石，此外尚有少量黑云母和角闪石。在酸性凝灰岩中以钾长石、酸性斜长石及石英为主；在中酸性凝灰岩中则以斜长石为主，钾长石、石英含量很少，甚至未见。而在中酸偏碱性凝灰岩中，含量介于上述二者之间，一般晶屑为碎屑状，有熔蚀现象，长石都具绢云母化、高岭土化、泥化等。

凝灰岩中的岩屑多为棱角状或次棱角状，大多为外来成分，有火山岩，也有沉积岩。

图 3.37　虎丘公园"千人石"处晶屑凝灰岩

2. 断层与节理

虎丘主要发育有两组断层，一是第三泉断层（图 3.38，上），走向 260°～270°，倾角近直立，断层面平整；二是剑池断层（图 3.38，下左），走向 40°左右，倾角近直立，断层面平整，两侧垂直节理十分发育，所见破碎带宽度 2～5 m 不等。岩石节理非常发育，主要有三组方向，走向分别为 40°、304°、355°。受节理的影响，在"入解脱门"附近可见岩石呈球形风化（图 3.38，下右），被形象地称为龟背石。

断层及第三泉

虎丘塔垂直起飞至塔顶；虎丘塔顶平移旋转

图 3.38　苏州虎丘公园断层及节理

上左，第三泉断层与节理；上右，第三泉断层；下左，剑池断层；下右，岩石球形风化

拾级而上至云岩寺塔，可练习使用罗盘测高。选择塔基所在地面的平坦处，利用罗盘测出塔顶的仰角，再用激光测距仪或步距测出观测点与塔基中心点的平面距离，从而计算塔身的高度。

路线十　基地 → 砚瓦山 → 灵岩山 → 烈士陵园 → 基地

目的任务：

1. 观察二叠纪龙潭组（P_2l）的岩性组合及沉积构造特征；
2. 观察白垩纪和侏罗纪花岗岩岩性特征及其与围岩的接触关系；
3. 观察白垩纪和侏罗纪花岗岩的相互关系及花岗岩中的捕虏体；
4. 苏州砚瓦山至横山褶皱分析，绘制东西向地质剖面示意图。

准备工作：

1. 了解二叠纪龙潭组（P_2l）的岩性组合特征；
2. 了解岩浆岩的岩石学特征、结构构造；
3. 准备必需的野外实习用品（包括量角器）。

花岗岩是大陆地壳的主要组成部分，是岩浆在地下深处经冷凝而形成的深成酸性火成岩。花岗岩主要组成矿物为石英、长石、黑云母和白云母，石英含量10%～50%，还可能含有角闪石和少量辉石。花岗岩的名称源自拉丁文的 granum，意思是谷粒或颗粒。花岗岩的典型结构是花岗结构。花岗结构常见于中酸性和酸性深成岩中，暗色矿物结晶最早，其自形程度最好，其次是斜长石、碱性长石结晶，二者自形程度较差，石英则完全呈它形晶充填在其他矿物的间隙内，该结构实则是一种半自形粒状结构。

No.30 观察内容：二叠纪龙潭组（P_2l）

📍 砚瓦山

早年该剖面清晰可见，近些年已遭部分掩埋。丁文江（1936）最早于南京东郊龙潭镇创龙潭煤系，时代为二叠纪。后来曾一度把它与二叠纪孤峰组一起称为堰桥组。江苏地质矿产局（1997）经过区域地质调查研究，不再把堰桥组从龙潭组下部单独划分为一岩石地层单位，仍归为龙潭组，而原堰桥组下部的孤峰组则单独分出，并将二叠纪龙潭组（P_2l）定义为：二叠纪孤峰组（P_1g）与二叠纪大隆组（P_3d）或二叠纪长兴组（P_3c）之间的一套含煤地层。其下部为灰黄色粉砂岩、页岩互层；中部为灰黄色、深灰色中至粗粒中厚层长石石英砂岩、粉砂岩、页岩夹煤层，含植物化石；上部以黑色页岩为主夹灰岩、细砂岩及煤层，富含腕足类化石。龙潭组向下与孤峰组以含双壳类浅灰色页岩为界，向上与大隆组紫灰色页岩出现为界，或与长兴组灰岩为界，均为整合接触。

二叠纪龙潭组（P_2l）在实习区内的吴中区正山发育良好，而在本点砚瓦山（藏书中学对面），我们只能观察到龙潭组的一部分，主要是中厚层夹薄层粉砂岩、粉砂质泥岩，岩石原色为灰绿色，风化后显黄褐色，水平层理发育，节理发育，可见大型砂岩透镜体（图3.39），应为浅海沉积环境，岩层倾向为北东向，倾角不大，局部测得岩层产状为北东80°、倾角10°（NE80°∠10°）。砚瓦山的泥岩是当地制作砚台的良好石材。

图 3.39　砚瓦山二叠纪龙潭组（P_2l）粉砂岩中的透镜体

No.31 观察内容：大焦山单元与二叠纪龙潭组（P_2l）接触关系

📍 灵岩山公园地面道路边剖面

灵岩山地区广泛发育侵入岩，主要包括三个单元，即晚侏罗世侵入的大焦山单元（$J_3D\gamma$）、早白垩世侵入的索山单元（$K_1SNa\gamma$）和金山单元（$K_1J\pi\gamma$），围岩为二叠纪龙潭组砂岩（图3.40）。

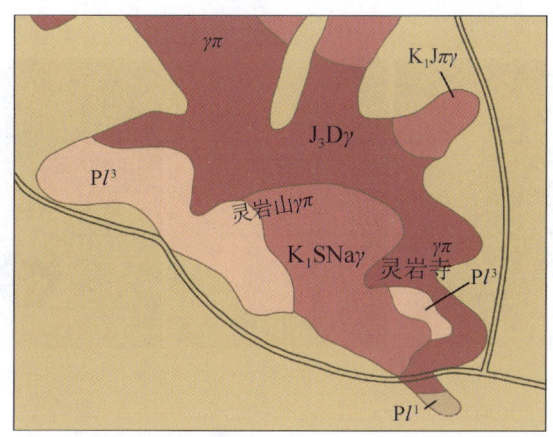

图3.40 灵岩山地区地质概图

$K_1SNa\gamma$，索山单元；$J_3D\gamma$，大焦山单元；$K_1J\pi\gamma$，金山单元；$\gamma\pi$，花岗斑岩脉；Pl^1，龙潭组下段，Pl^3，龙潭组上段

大焦山单元为中粗粒花岗岩，肉红色或浅灰微红色间夹黑色斑纹，中粗粒结构，主要由钾长石、斜长石和石英组成，有少量黑云母。长石占40%~60%，石英占26%~30%，黑云母占2%~8%，副矿物有磷灰石、钛铁矿和磁铁矿等。黑云母呈细粒散染状产出。

大焦山单元（$J_3D\gamma$）与二叠纪龙潭组（P_2l）下段砂岩呈侵入接触关系（图3.41）。位于接触带上的大焦山单元为中粗粒花岗岩，作为围岩的龙潭组砂岩，节理十分发育，加之地下水非常丰富，致使中粗粒花岗岩风化成松散的砂粒状，但保留了中粗粒花岗岩的结构状态。在形成时间上，侵入体时代为晚侏罗世，而围岩为晚二叠世，二者相差近1亿年。

灵岩山山脚龙潭组与花岗岩接触界线

图3.41 灵岩山公园内晚侏罗世大焦山单元（$J_3D\gamma$）与二叠纪龙潭组（P_2l）接触关系

No.32 观察内容：二叠纪龙潭组（P_2l）被晚侏罗世大焦山单元（$J_3D\gamma$）捕虏

灵岩山山脚花岗岩中的龙潭组捕虏体

📍 灵岩山公园山脚处登山步道路边

在大焦山单元（$J_3D\gamma$）中粗粒花岗岩中可见砂岩捕虏体。捕虏体呈近圆形（图3.42，左一），直径大小为100~150 cm。大焦山单元中粗粒花岗岩与砂岩层面平行接触处呈直线状（图3.42，中间），斜切层面呈锯齿状（图3.42，右一）。从区域上分析，捕虏体为二叠纪龙潭组砂岩。

图3.42　灵岩山公园内二叠纪龙潭组砂岩（P_2l）被晚侏罗世大焦山单元（$J_3D\gamma$）中粗粒花岗岩捕虏。从左至右，圆形捕虏体

No.33 观察内容：早白垩世索山单元（$K_1SNa\gamma$）与晚侏罗世大焦山单元（$J_3D\gamma$）的接触关系

📍 灵岩山公园山腰"卧牛眼象"景点路边及山顶处

晚侏罗世大焦山单元为中粗粒花岗岩。早白垩世索山单元为富钠长石花岗岩，呈灰白、白色带少许樱红色小斑点，似斑状结构，基质呈柱状交织结构。斑晶为钠长石、钾长石和石英，基质为钠长石、钾长石、石英和少量云母。副矿物为铌铁矿、钛铁金红石。长石约占50%~60%，具不规则明暗条纹，常被黑云母、石英交代而呈残余晶体；石英约占20%~30%；黑云母约占10%。

灵岩山山腰大焦山单元粗粒花岗岩及索山单元细粒花岗岩墙

索山单元与大焦山单元为脉动接触（图3.43）。接触面两侧表现出成分上和结构上的突变，二者之间有一条清楚的接触界线。根据江苏地质矿产局（1997）区域调查资料，在索山单元与大焦山单元之间，间隔了金山单元与天池单元，即后期来自深部的索山单元岩浆间歇性贯入先前形成的大焦山单元侵入体中。

灵岩山山顶地貌；灵岩山山顶大焦山单元粗粒花岗岩与索山单元细粒花岗岩的接触；灵岩山山顶遥望天平山

（a）山腰　　　　　　　　　　　（b）山顶

图3.43　灵岩山山腰早白垩世索山单元（$K_1SNa\gamma$）侵入至晚侏罗世大焦山单元（$J_3D\gamma$）的岩墙

No.34 观察内容：早白垩世横山单元（$K_1HBi\gamma$）与晚泥盆世观山组（D_3g）的接触关系

📍 苏州烈士陵园园区北部

苏州烈士陵园出露横山单元侵入体，岩性为富黑云母花岗岩，呈浅灰或灰黑色，为细粒、中细粒花岗结构。成分主要是钾长石（50%～60%）、斜长石（5%～15%）、石英（25%～32%）、黑云母（10%～15%，局部达35%）。黑云母片径大，其片径一般为3～5 mm，少数达8 mm。黑云母在岩石中分布不均，常呈带状，使整个岩石呈现出似层状流动构造。围岩为晚泥盆世观山组（D_3g）石英岩状砂岩，在江苏省早期的地质区测中命名为晚泥盆世五通组（D_3w）。

上述二者为侵入接触关系（图3.44）。主要依据为二者形成时代不同，侵入体的形成时间要晚于围岩，侵入体时代为早白垩世，而围岩为晚泥盆世，相差2.4亿年；二者接触边界呈犬牙状；观山组（D_3g）围岩中的横山单元富黑云母花岗岩呈岩枝状或脉状穿插；观山组石英砂岩因岩体侵入使其蚀变，石英颗粒增大而成为石英岩状砂岩（可以定为石英岩，由于该岩石原是晚泥盆世沉积地层，所以仍按沉积岩的命名原则处理，称之为石英岩状砂岩），与岩体接触处颜色较深，呈灰色至深灰色，而远离岩体的围岩颜色逐渐变浅，为浅灰色、灰白色（原岩本色）。

图3.44 早白垩世横山单元（$K_1HBi\gamma$）富黑云母花岗岩与晚泥盆世观山组（D_3g）石英砂岩侵入接触关系

苏州烈士陵园花岗岩侵入观山组界线、结晶矿物、捕虏体

苏州烈士陵园花岗岩与观山组界线及岩脉

根据江苏地质矿产局（1997）区域地质调查结果，在木渎至西津桥一带存在一个短轴向斜（木渎向斜），属于印支—燕山早期褶皱。印支运动是晚二叠世至三叠纪发生的地壳运动。燕山运动指侏罗纪发生的地壳运动。木渎向斜形状上似马蹄，沿着北东40°方向延伸，长约16 km，宽约14 km。向斜核部为二叠纪龙潭组，但是受苏州花岗岩体侵入而遭受破坏。向斜两翼地层由泥盆系和二叠系地层组成，北西翼在藏书中学穹窿山和砚瓦山有出露，倾向北东，南东翼在横山、七子山和尧峰山一带出

露，倾向北西。在横山出露的晚泥盆世观山组（D_3g）砂岩（以前的区域地质调查称为晚泥盆世五通组）倾向北西，倾角15°～25°，而在砚瓦山附近也有晚泥盆世观山组出露，倾向北东。

在本实习路线上，在砚瓦山（No.30）出露的二叠纪龙潭组（P_2l）砂岩倾向北东，倾角10°左右。结合区域地质资料可以勾画出砚瓦山至横山东西向地质平面和剖面示意图（图3.45）。

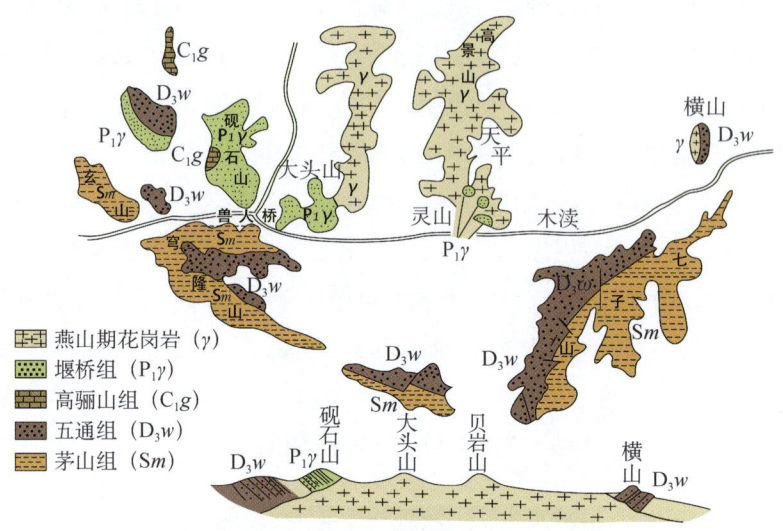

图3.45 砚瓦山至横山东西向地质平面和剖面示意图

第二节 常熟虞山

路线十一 同济大学 → 常熟虞山 → 同济大学

目的任务：
1. 观察岩石地层单位茅山组、观山组的岩性组合特征；
2. 观察描述沉积构造特征并分析沉积环境。

准备工作：
1. 了解虞山地区的区域地质概况；
2. 准备必需的野外实习用品（包括量角器）。

360°全景路线及典型地质现象照片

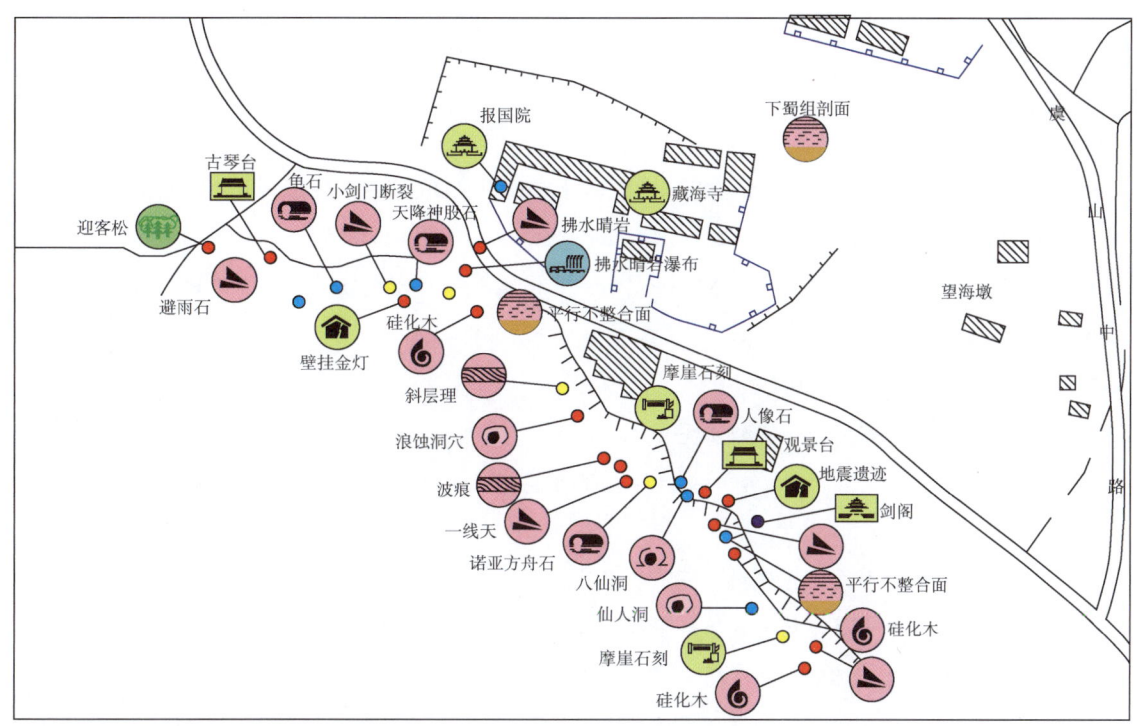

图 3.46 剑门游览区地质遗迹（景观）分布图

虞山是座典型的单面山，山形呈南西坡短而陡、北东坡长而缓的特点，在地质上处于北东向延展的无锡—江阴褶皱带东南边缘，并与该褶皱轴向相顶，在苏锡断裂以东、湖苏断裂北西的区域内，构造线均呈北东向，唯虞山一处为北西向。有关其成因目前尚有三种观点：一是虞山山体及岩层走向是受局部扭转应力的影响；二是虞山断块为推覆构造所致，属燕山晚期拉伸运动的产物；三是虞山岩层走向是北西向构造的产物（邹松梅等，2007）。本书不对虞山的构造成因做深入探讨，而是集中展示沉积岩中的各种地质现象。

教学实习需要选择安全、便捷且能观察到较多典型地质现象的路线。因此选择从虞山北麓兴福寺边的景区入口处开始，沿山路一路上山至山顶虞山国家森林公园剑门峡谷谷顶，再沿峡谷下至虞山南麓半山腰处。该路线不仅地层层序清楚，而且各种沉积构造发育，化石丰富。由于本路线在风景旅游区，垂向上高差较大，只在路线开头定一个点。实习路线上各种丰富的地质现象可参照常熟虞山公园剑门地质遗迹分布图来寻找（图 3.46）。

> **No.1** 观察内容：茅山组与观山组地层层序、沉积构造、生物化石

📍 虞山剑门

1. 地层层序

虞山地区出露志留系茅山组（S_2m）、泥盆系观山组（D_3g）和泥盆系—石炭系擂鼓台组（D_3C_1l）地层，地层层序如下。

常熟市虞山剑门—祖师庙志留系—泥盆系茅山组（S_2m）和观山组（D_3g）地层层序（图3.47）。

上覆地层：擂鼓台组（D_3C_1l）

㉔ 黄褐色铁质粉砂岩、粉砂质泥岩

——————— 整合 ———————

观山组（D_3g）

㉓ 浅灰白色巨厚层状含砾粗粒石英砂岩

㉒ 浅灰、灰白色厚层状含砾粗粒石英砂岩；至顶见大型波痕，该层发育含铁质条带

㉑ 灰白色薄层石英砂岩与灰黑色薄层泥岩互层

⑳ 青灰色含砾粗粒石英砂岩，层面发育有平缓波痕

⑲ 浅灰—灰白色厚层状含砾中粗粒石英砂岩

——————— 平行不整合 ———————

茅山组（S_2m）

⑱ 灰褐、灰白、浅灰色粉砂岩与灰白色水云母黏土岩互层

⑰ 灰白、褐红色中层状细粒长石石英砂岩

⑯ 褐红色含泥质细粒石英砂岩与中粒石英砂岩互层

⑮ 灰褐色细粒石英砂岩与灰白色粉砂质泥岩互层

⑭ 灰绿色中—薄层泥岩为主，夹少量细砂岩

⑬ 灰白、灰褐色中细粒石英砂岩夹灰绿色薄层泥岩

⑫ 灰色粉砂质泥岩夹灰色细粒石英砂岩透镜体或薄层

⑪ 铁质泥质不等粒石英砂岩夹粉砂质泥岩薄层

⑩ 灰白色厚层状含砾石英砂岩、中粗粒石英砂岩

⑨ 灰白色厚层状中细粒石英砂岩

⑧ 浅灰色厚层状中粒石英砂岩

⑦ 褐色细粒长石石英砂岩与紫红色泥岩互层

⑥ 褐红色厚层状中粗粒石英砂岩，含粉砂质条带和泥质薄层

⑤ 灰—灰白色中厚层状粉砂质泥岩

④ 褐红色厚层状中粗料石英砂岩与薄层粉砂质泥岩互层
③ 灰白色中厚层状细粒石英砂岩与泥质粉砂岩互层
② 灰白色中层状含铁质、泥质细粒石英砂岩夹薄层泥质粉砂岩
① 灰白色厚层状中细粒石英砂岩（未见底）

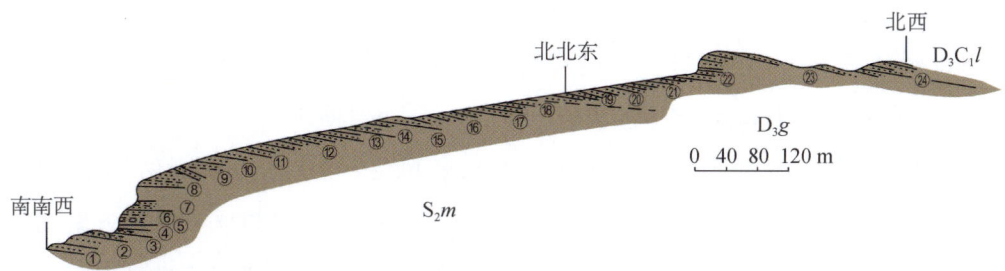

图 3.47　常熟市虞山剑门至祖师庙志留系茅山组（S_2m）和泥盆系观山组（D_3g）地层信手剖面图

兴福寺边，距景区索道入口南东 40 m 的山脚山坡上，有一明显的断面，在断面底部可见茅山组上段（S_2m）褐红色砂岩与观山组下段（D_3g）青灰色石英砂岩的接触界线，二者产状应一致。该处所出露的茅山组上段地层岩石较为新鲜，无明显风化，碎屑以褐红色硅质细砂为主，表明其很可能形成于三角洲相的浅水氧化环境。但近年因施工而导致茅山组地层被埋深难以出露。此处观山组地层为厚层—巨厚层，新鲜露头以青灰色为主，明显比茅山组砂岩坚硬致密、颗粒更粗，达到中—粗砂，且以石英为主，说明其形成环境的水深加深，水体动能较强。观山组断面上保留有擦痕和阶步，并有石英岩化现象，说明此断面应为断层造成。

茅山组地层与观山组地层的接触关系，一般认为是平行不整合接触，主要依据是观山组下部为底砾岩。本处在两组地层界线之上，于观山组底部可见一层中—厚层砾岩，其中的砾石为硅质，粒径较小，基本不超过 1 cm，磨圆度以次棱角—次圆状为主，含量超过 50%，被砂质胶结，分选不好。因此，这里将志留系茅山组（S_2m）与泥盆系观山组（D_3g）的接触关系定义为平行不整合接触（图 3.48），其间缺失晚志留世—早中泥盆世沉积。

（a）虞山南坡山腰处的茅山组砂岩　　　　（b）北坡山脚兴福寺边的观山组石英砂岩及底砾岩

图 3.48　虞山地质现象

2. 沉积环境及沉积构造

茅山组（S_2m）沉积环境为河口三角洲相，观山组（D_3g）沉积环境为三角洲前缘—滨海相，擂鼓台组（D_3C_1l）则为近海湖沼—近海河流相。下面以观山组为例分析沉积环境。

在园内剑门峡谷谷顶处，出露大面积的观山组石英砂岩，产状为 NE 20°∠5°，露头上可见三组节理，走向分别为 14°、312°、252°。石英砂岩的新鲜露头呈灰白色，为含砾石英砂岩，粒级为粗砂—中细砂，无粉砂质，石英含量极高，应在 80% 以上。在多处断面上，可观察到岩石的差异风化，以及较清楚的平行层理和交错层理。在石英砂岩层面上，可观察到波痕，虽经风化剥蚀，仍可辨别，应为不对称波痕。此外，层面上还发现有清晰的流痕（图 3.49），与层理的方向明显交错，应为退潮时的流水形成。石英砂岩中还可见较多呈紫褐色的铁质结核（图 3.49），形状多呈不规则团块状或长条状。根据部分铁质结核被层理从中间贯穿，同时结核顶端和底端又被一些层理环绕，可判断它们为成岩结核。经采样回实验室滴加稀盐酸，发现无起泡现象，推测结核的主要成分应为褐铁矿。这些铁质成分经风化淋滤后，使得石英砂岩裸露出的表面呈浅褐黄色。据此，推测观山组应形成于滨岸带前滨沉积环境。

图 3.49 观山组（D_3g）石英砂岩层面上的流痕（左）和铁质结核（右）

虞山沉积岩中发育各种层理，有平行层理、粒序层理、块状层理、斜层理、楔形交错层理和板状交错层理等（图 3.50）。层理是沉积岩中由于成分、结构和颜色等性质在垂向上的变化表现出来的沉积构造。在接近峡谷口处的景区道路旁，可见观山组石英砂岩中多个叠加的丘状层理。其中，规模较大的丘状层理，中心处层厚可接近 1 m，长可近 10 m；规模较小的则呈透镜体，长度小于 1 m。丘状层理之间夹有少量薄层细砂岩，应为风暴过后水体中沉积下来的细粒碎屑物质，且未被后来的风暴完全剥蚀而保留下来。在过山门小亭后约 20 m 处，可见茅山组上段中—薄层细砂—粉砂岩中发育良好的水平层理。

虞山沉积岩层面可见波痕发育（图3.50）。波痕是层面上的一种有规律的起伏现象，可分对称波痕和不对称波痕。虞山地区所见波痕主要发育在观山组地层中，如剑门处波痕，出露范围广，波峰高约10 cm，一个完整的波峰波谷宽约40～50 cm，层面由于风化呈铁锈红色。在桃源涧灰黄色中厚层中细粒石英砂岩的层面上也有波痕发育，波峰高约3～4 cm，波长约15 cm，宽约8 cm，形态上好像一群鲤鱼躺在山涧。

仔细观察，在虞山沉积岩中还可看到一种所谓的超（退）覆层（图3.50）。超（退）覆层是指一组岩层以一定的角度穿插在正常层序的岩层中。穿插进去的岩层自成体系，它可以是粗砂岩、细砂岩、泥岩等互层，或呈韵律出现，穿插岩层也有平行层理、交错层理等。在剑门处的观山组地层中存在穿插岩层，厚约50 cm，岩性为薄层细砂岩、粉砂岩，具平行层理，以低角度穿插在观山组灰白色粗粒具有板状交错层理的石英砂岩中。这一穿插层究竟是超覆还是退覆有待进一步研究，研究这一现象有助于我们理解沉积过程中水体的进退规律。需要注意的是，超（退）覆层与板状交错层理极易混淆，它们的区别在于前者为岩层斜交，后者为层理斜交。

图3.50 虞山砂岩中的交错层理与波痕、雨痕及超（退）覆层

负荷铸型在虞山多处可见（图3.51），主要发育在观山组地层中。构成景观的主要有"桂香园葡萄石"。该处负荷铸型出露面积大，达数百平方米，呈红褐色，为深浅不等的囊状、疖瘤状等，看上去像晒在地上的葡萄，当地人称之为"葡萄石"。负荷铸型是沉积岩的一种底部痕迹，具体表现为砂

及其他粗粒碎屑物所组成的鼓包，深浅不等的囊状构造，疖瘤状构造，极不规则的突起、球根状、乳房状和奶头状隆起。它们是在不平衡的沉降和上覆物质的压实作用下，使原有洼坑扩大，粗屑物质局部沉陷于洼坑之中时产生的。

此外，虞山沉积岩中还存在一种眼球状构造（图3.51），由许多平行层理包裹着一层砂岩，砂岩向两端尖灭，外包的层理在尖灭处为斜层理，并逐渐过渡到平行层理（水平层理）。早年容易观察到，近些年已变得模糊。

图 3.51　虞山砂岩中的负荷铸型与眼球状构造及交错层理

3. 古生物

在剑门观山组浅灰色含砾中粗粒石英砂岩和灰黑色薄层泥岩中产亚鳞木植物化石，已成硅化木，构成了独树一帜的地质遗迹景观。在剑门东侧，至少有3处出露，如紫红色砂岩层面上的硅化木（图3.52），长约80 cm，宽8 cm，断成长短不一的两截，似一把出鞘的剑；剑门观山组石英砂岩中的另一处硅化木，总体长度300 cm，长150 cm，余下则为风化剥蚀后残留痕迹，直径约15 cm，其上有纵向条纹；在剑门西侧，硅化木镶嵌在观山组石英砂岩中（图3.52），呈扁平状，直径约5 cm，但明显缺失一段。

图 3.52　虞山砂岩中的硅化木

No.2　观察内容：断裂构造

📍 虞山剑门

出剑门峡谷后，在虞山国家森林公园内横贯虞山南麓山腰的山路上，可见山体被巨大断层切成断层崖，这就是虞山为单面山的原因。剑门断裂群由两组呈北东向和北西向的断裂组成，切割泥盆系观山组（D_3g）石英砂岩地层。

剑门断裂走向北东 20°，近直立，断裂谷下端口宽 2.5 m，上端口宽 6 m，高约 50 m，纵深达 90 m。两壁巨石临崖，直立如刀削。该地质遗迹景观是园内最宏伟处之一。

与剑门断裂共轭的一条断裂组成"一线天"景观，该断裂走向北西西 280°，宽 1.5 m，高约 15 m，仰视天成一线。

与剑门断裂类似，小剑门景观是一条切割地层走向的断裂，破碎带宽度 1.5 m 左右，走向北东 50°左右，断裂面近于直立，高 15～20 m。

第三节　上海松江佘山

路线十二　🚩 同济大学 → 西佘山 → 同济大学

目的任务：
1. 观察描述佘山岩浆岩岩性特征；
2. 观察描述佘山岩浆岩的侵入接触关系和节理构造；
3. 观察风化壳剖面；
4. 参观山顶佘山天文台和山下的地震基准台。

准备工作：
1. 了解佘山地区的区域地质概况；
2. 准备必需的野外实习用品（包括量角器）。

No.1 观察内容：佘山岩浆岩岩性特征、岩浆岩中的侵入接触和节理构造

📍 西佘山

佘山位于上海市松江区，分西佘山和东佘山，本条实习教学路线只包括西佘山。西佘山海拔100.8 m，是上海境内第二高峰，陆地上第一高峰。佘山南麓设有佘山地震基准台，山腰修有始于宋代的秀道者塔，山顶有佘山天文台、天主教朝圣地"佘山圣母大教堂"。可从山顶近观东佘山，俯瞰月湖公园，远眺松江风景。

1. 实习路线与采样点

本实习路线从西佘山西门内约100米处环山公路路边剖面起始，之后沿上山道路直至山顶教室门前路边剖面为止，沿路观察各类地质现象。总体上，西佘山火山岩岩体的节理和断裂发育，常形成 X 形节理，山脚和山顶均可见侵入的岩墙；在当地气候条件下火山岩的风化程度较强，沿途可见球形风化和多处风化壳，在部分剖面上可观察到从底到顶分布基岩、半风化层、残积层和土壤层的垂直分带。

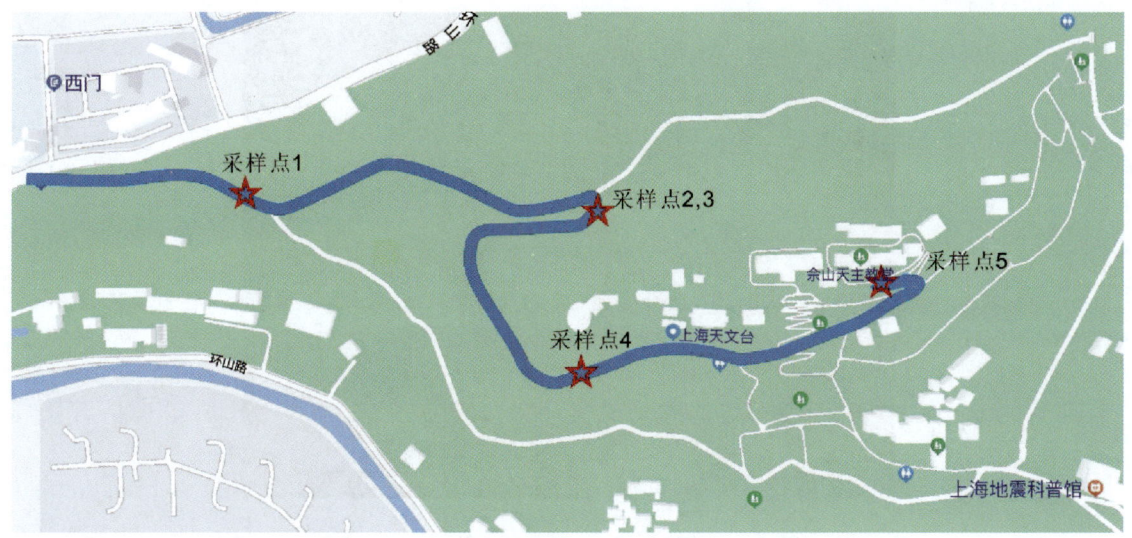

图 3.53　西佘山实习路线及采样点示意图

为探索科教融合的实习教学新模式，将几位教师对于佘山实习路线的考察、采样、样品分析和数据处理等一系列工作，以笔记的形式列出，希望通过对西佘山的考察工作示范，能够引导学生开展具有更多科学工作内涵的深度学习。

2022 年 10 月，同济大学田军、许长海、谢昕和陈琼沿该路线进行了踏勘采样，在 5 个采样点（图 3.53）采集样品 8 袋。岩石样品先送至南京聚谱检测科技有限公司制做了岩石薄片标本和粉末样，之后在同济大学海洋地质国家重点实验室由乔培军利用粉末样测试了全岩主微量元素，并进行锆石定年。陈琼结合岩石薄片和主微量元素对 5 个样品进行了准确命名描述，对 5 个样品的锆石年龄进行了详细分析。

采样点 1 位于公园近西门口（海拔 24.2 m），采集了两块样品（样号 Sh–1 和 Sh–2）。

采样点 2 位于公园半山腰两侧（海拔 57.6 m），采集了两块样品（样号 Sh–3 和 Sh–4）。

采样点 3 和采样点 2 的位置相同，是侵入的脉体，采集了两块样品（样号 Sh–5 和 Sh–6）。

采样点 4 位于公园近山顶（海拔 68.9 m），采集了一块样品（Sh–7）。

采样点 5 位于路线末端近教堂门口路侧（海拔 68.9 m），采集了一块样品（Sh–8）。

2. 样品岩性分析

根据岩石薄片鉴定和元素分析结果，西佘山出露的岩浆岩总体上属于中酸性中浅成侵入岩，包括花岗斑岩、花岗闪长斑岩、英安岩和流纹岩。其中，位于采样点 3 处的花岗闪长斑岩（样号 Sh–5）和采样点 5 处的英安岩（样号 Sh–8）与它们的围岩具有明显的侵入关系（图 3.54），接触界线清晰。

图 3.54　西佘山近教堂门口路侧侵入到流纹岩（下部浅色）中的英安岩脉体（中间深色）

样品 Sh–1、Sh–3、Sh–5、Sh–7 和 Sh–8 的岩石薄片描述如下。

样品 Sh–1：岩性为蚀变的花岗斑岩。岩石绢云母化显著，斜长石和钾长石几乎全部变成绢云母，斜长石的聚片双晶形态隐约可见，两者比例较难判断。其中，斑晶约占 20%～35%，基质 65%～75%，气孔 1%～5%。斑晶粒径 0.5~2 mm，主要为较自形的钾长石（5%）、斜长石（20%～25%）、少量石英（1%～3%）和不透明矿物（1%～5%）；基质为隐晶—微晶结构，部分长石石英云母呈现环斑球粒结构。

样品 Sh–3：岩性为流纹岩。岩石弱绢云母化，具斑状结构，流纹构造。其中基质占比 70%～80%。斑晶包括 1～3 mm 具有卡氏双晶的钾长石（10%～15%），和 0.5～2 mm 聚片双晶的斜长石（10%～15%），少量石英（1%～5%）和不透明矿物（1%～5%）；基质为隐晶质石英，长石相间排列形成流纹构造，遇斑晶则绕过。

样品 Sh–5：岩性为花岗闪长斑岩岩脉。岩石弱绢云母化，具似斑状结构。矿物成分主要有斜长石（50%～60%）、钾长石（5%～10%）、石英（20%～25%），少量暗色矿物（5%～8%）和不透明矿物（1%～8%）。斑晶占比较少，粒径约 1～1.5 mm，多数已蚀变，轮廓圆化，多为钾长石；晶质多为细粒—隐晶质结构，褐色长石交织分布，其间见石英，磁铁矿分布，局部具细粒花岗结构。

样品 Sh–7：岩性为流纹岩。岩石弱绢云母化，具斑状结构，和典型的流纹构造。基质占比 75%～85%。斑晶为 0.5～1.5 mm 斜长石（5%～10%），1～2.5 mm 碱性长石（5%～15%），少量石英（1%～3%）和不透明矿物（3%～8%），斜长石具反应边结构；基质为隐晶质—细粒石英、长石和磁铁矿交织定向排列，构成流纹构造。

样品 Sh–8：岩性为英安岩岩脉。岩石弱绢云母化，具斑状结构。斑晶少，主要有斜长石（5%），石英（2%～5%）和不透明 Fe–Ti 氧化物（5%），并出现暗色条状黑云母（2%～5%），斜长石斑晶边部具溶蚀反应边；基质占比 80%～95%，为长英质矿物石英，长石，磁铁矿微晶交织分布。

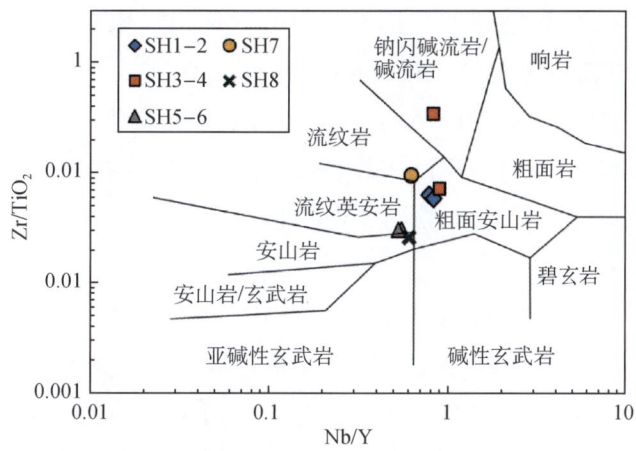

图 3.55 西佘山 5 块样品的 Zr/TiO_2–Nb/Y 投图

由于部分样品蚀变严重，本次只利用 Zr/TiO_2–Nb/Y 对 5 个样品进行了岩性判别（图 3.55），投图结果与岩石薄片分析判断基本一致。

样品 Sh–1：样品位于粗面安山岩（粗安岩）范围，针对斑状结构，定为花岗斑岩更合适。

样品 Sh–3：样品分别属于粗安岩和钠闪碱流岩范围。由于流纹构造，定为流纹岩更合适。

样品 Sh–5：样品属于英安岩/花岗闪长岩范围，由于基质粒径较粗，且具似斑状结构。定为花岗闪长斑岩合适。

样品 Sh–7：样品属于流纹岩范围。

样品 Sh–8：样品与点位 5 岩性相近，但粒径较细，应属英安岩。

3. 样品年龄测定结果

对样品 Sh–2、Sh–4、Sh–6、Sh–7 和 Sh–8 挑选锆石测定了年龄（图 3.56）。

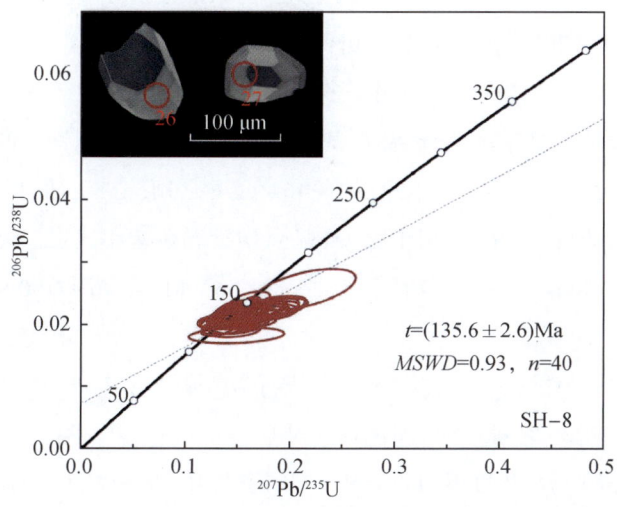

图 3.56 西佘山样品 Sh–8 锆石年龄谐和图，显示年龄为 135.6 Ma

花岗斑岩（样品 SH–2）中的锆石多呈长柱状，无色透明，自形程度好，长 50～150 μm，长宽比为 1∶1～4∶1，阴极发光图像显示其具有清晰的岩浆锆石韵律环带。Th 含量为 108～1 079 μg/g 之间，U 含量为 132～859 μg/g 之间，Th/U 值为 0.63～1.52，与典型的岩浆锆石特征一致。对 36 个锆石测试点定年，锆石 ^{206}Pb/^{238}U 年龄变化范围为 129～164 Ma，分析结果集中在谐和线上，表明锆石未遭受明显的后期热事件影响，故测定值可信。其加权平均年龄为（137.6±2.5）Ma（$MSWD$=1.5，n=36），可代表花岗斑岩的结晶年龄。

流纹岩（样品 SH–4）中锆石呈黄或黄褐色，不透明，自形程度差，长轴变化于 50～100 μm，岩浆振荡环带结构窄，表明是岩浆成因锆石。锆石的 40 个测试点 Th 含量变化于 193～1 338 μg/g 之间，U 含量变化于 372～1 981 μg/g 之间，Th/U 值高，变化于 0.40～0.74，属于岩浆成因的特征。锆石 U–Pb 谐和图上，样品点均投影在谐和线上，谐和度高，^{206}Pb/^{238}U 年龄变化范围为 123～153 Ma。加权平均值为（136.5±2.0）Ma（$MSWD$=1.8，n=40），代表该岩石的结晶年龄。

花岗闪长斑岩（样品 SH–6）的锆石多以无色透明为主，颗粒较规则，多呈短柱状，大小差异大，介于 25～100 μm 之间。阴极发光（CL）图像显示大部分锆石具有明显的密集震荡环带，表明是岩浆锆石。38 个有效测试点的 Th 含量变化于 119～2 686 μg/g 之间，U 含量变化于 148～3 425 μg/g 之间，Th/U 值较高，为 0.34～1.39，具有岩浆成因的锆石特征。分析结果表明锆石 ^{206}Pb/^{238}U 年龄变化范围为 117～146 Ma，分析点均位于 U-Pb 谐和线上，其加权平均值为（134.7±2.1）Ma（$MSWD$=1.6，n=38），故岩浆锆石结晶的年龄代表了花岗岩侵位的活动时期。

流纹岩（样品 SH–7）中锆石粒度中等，无色透明，多呈自形柱状形态，长 50～100 μm，长宽比介于 1∶1～3∶1 之间。锆石阴极发光（CL）图像显示，锆石内部形态较为一致，大多具明显的震荡环带。该样品中 41 个有效测试点的 Th 含量变化于 104～720 μg/g 之间，U 含量变化于 153～1 093 μg/g 之间，具有较高的 Th/U 值，为 0.47～1.16，属于岩浆成因锆石。锆石 ^{206}Pb/^{238}U 年龄变化范围为 120～148 Ma，^{206}Pb/^{238}U 和 ^{207}Pb/^{235}U 谐和性好，分析点集中分布在 U–Pb 谐和线上，加权平均值为（134.2±2.4）Ma（$MSWD$=1.5，n=41），可代表该样品的结晶年龄。

英安岩（样品 SH–8）中锆石无色透明，多为次圆状，长轴变化于 50~150 μm。锆石阴极发光（CL）图像显示较窄的岩浆振荡环带结构，表明是岩浆成因锆石。锆石的 40 个测试点 Th 含量变化于 103～818 μg/g 之间，U 含量变化于 95～461 μg/g 之间，Th/U 值高，变化于 0.81～1.78，属于岩浆成因的特征。锆石 U–Pb 谐和图上，样品点均投影在谐和线上，谐和度高，^{206}Pb/^{238}U 年龄变化范围为 117～163 Ma。加权平均值为（135.6±2.6）Ma（$MSWD$=0.93，n=40），代表该岩石的结晶年龄。

综上，对佘山地区中酸性浅层侵入岩和喷出岩进行高精度锆石 U–Pb 定年，获得各岩体的结晶年龄相近，分布于 134～138 Ma 之间，变化范围均在误差之内。该结果说明，佘山地区该套成分变化的花岗质岩石是岩浆同期侵位分异程度不同的结果，归属于燕山晚期岩浆活动的产物。

第四节　舟山

路线十三　基地 → 朱家尖东沙 → 乌石塘 → 基地

目的任务：
1. 观察波浪的运动特征；
2. 观察东沙砂质海岸的地貌及沉积特征；
3. 观察乌石塘砾石海岸的地貌及沉积特征。

准备工作：
1. 根据参考文献中的教材、PPT课件了解海洋地质作用；
2. 准备必需的野外实习用品（包括测绳）。

No.1 观察内容：波浪的运动、无障壁滨海（岸）环境的分带及其特征

📍 **东沙沙滩**

本点主要观察波浪运动特点及无障壁滨海（岸）沉积分带特征（表3.1）。

表3.1　无障壁滨海（岸）环境的分带及其特征

环境	滨外	滨岸（海岸）					滨岸沙丘
带	浅海	外（近）滨		前滨		后滨	风成沙丘
动力	涨（起）浪	升浪	破浪	涌浪	进、回流	风暴浪	风
水的运动	振荡运动		波浪崩碎	沿岸流，裂流、冲流			
沉积物	细	中等	粗	中等	较粗	细	中-细
能量	低	较低-中	高	中等	较高	低	
沉积构造	水平层理	波状层理，波状交错层理	平行层理、双向交错层理	波状交错层理	低角度双向交错层理	泥沙交互层理	高角度交错层理

波浪是由水体做有规律的波状起伏运动形成的，主要由风摩擦水面形成，也可因潮汐、地震等动力击发形成。实际上，水质点并没有做长距离的水平位移，只是在平衡位置上下做螺旋形的往复圆周运动，是波形沿水平方向进行传播，传递能量。

波形的最高点叫波峰，最低点叫波谷，相邻两个波峰间的距离称波长，波峰到波谷间的垂直距离称波高。第一波过去，次一波到达同一地点所需的时间称为周期，波形在单位时间内前进的距离称为波速。波峰的连线称波峰线。

多数情况下水质点在完成一个园周运动后不能回到原来位置，在水的摩擦力作用下，水质点的圆周运动半径随深度的增加而减小，到达一定深度时水质点失去动能，该深度一般不超过波长的 1/2，在深度达 1/2 波长时波浪运动几乎停止，此深度界面称波基面。因此在深水区，波浪并不能到达海底，尽管海面风浪很大，海底仍是平静的。

当波浪向海岸方向传播时，在水深不超过波长 1/2 的浅水区，水质点的运动轨迹由圆压成椭圆形。随深度的减小，椭圆的压扁程度越高，水质点每次圆周运动后的位移量也显著增大。由于海底摩擦的原因，导致波长迅速缩短，多余的能量使波高加大、周期加快，引起波浪挤在一起，波峰变尖。在重力作用下，当波峰水质点的运动速度接近或超过波速时，形成向前翻卷的卷浪。卷浪前端没有海水补充，终于破碎成白色水花的破浪，破浪冲向海岸，拍击海岸称激浪。形成破浪的地带，称破浪带。

如果波浪斜向到达海岸，一部分海水以底流方式流回海中，另一部分则沿岸流动称沿岸流。浅水地区的波浪作用及其派生的底流和沿岸流对海岸地形的演变起着特别重要的作用。

海洋环境按照水深可分为：滨海（岸）带，受波浪和潮汐强烈作用的浅水海域；浅海带，平均浪基面之下，水深 200 m 之上的浅水海域；半深海带，水深 200～2 000 m 的较深水海域；深海带，水深大于 2 000 m 的深水海域。

滨海直接与陆地相连，是受波浪和潮汐强烈作用的浅水海域。滨海带的宽度不一，在崖岸地区很峡窄，甚至缺失，而在平坦的缓坡地区则很宽。根据作用营力的不同，可分为以波浪作用为主、潮汐作用为辅的无障壁滨海（岸）环境和以潮汐作用为主、波浪作用为辅的有障壁滨海（岸）环境。前者发育于海面开阔、坡度较陡的滨海地区，后者发育于风浪作用受前方岛屿或砂坝等阻挡，或者坡度很缓的滨海地区。

无障壁滨海环境的沉积特征包括以下几点（表 3.1）。

（1）自岸向海可分四个相带：风成砂丘带、后滨带、前滨带、外滨带。

（2）以碎屑沉积物为主，主要是砾石、砂和粉砂，常含有大量生物介壳碎片，形成砾滩、沙滩和泥滩。

砾滩上砾石的成分与基岩海岸的岩性通常保持一致，主要来自海岸崩塌，在海浪、潮汐作用下经磨蚀、搬运、沉积而成。沙滩的沙粒分选好，成分以石英、长石为主，含生物碎屑，通过海浪的进退流反复对沉积沙粒进行剥蚀、搬运、沉积而成。泥滩的成分往往含有大量的河流输入粉砂和黏土，潮汐作用很重要。

（3）碎屑物的分选性及磨圆度均良好。其具有丰富的波痕和层理构造，尤其以具双向的沉积构造为特征。在干热气候区的 $CaCO_3$ 沉积海域的前滨带，$CaCO_3$ 围绕某些核心在滩面上不断往复滚动，形成鲕粒。

（4）滨海带水体动荡，富含氧，生物以绿藻、蓝绿藻类植物（可形成叠层石或核形石）以及经得起激浪冲击的厚壳、固着或钻孔底栖生物为特征。

本点所在区域为典型的无障壁滨海环境，主要受波浪和海流两种营力的作用，潮汐作用弱，它的范围从风暴浪所及的上线至浪基面（图 3.57），无障壁滨海环境从海向陆可分外滨带、前滨带、后滨带及风成沙丘带。在本实习区域的桃花岛上，风成沙丘出露很好。

照片拍摄地点距海岸直线距离约 150 m

图 3.57　东沙沙滩上的滩脊（上左）和气泡沙（上右）以及桃花岛上出露的风成沙丘（下）

舟山地区潮差可达 1.4 m，因此在本点的观察必需考虑当地的潮汐时刻表，可参考网站 http://hai.edianweb.cn/，尽量选择低潮时期进行观察。带队老师可将同学们分组在海滩上展开观测，每个组用测绳估测各带的出露范围，绘制信手剖面图。可参照表 3.1 观测波浪的运动特征、沙滩上的各种沉积现象，如滩脊、气泡沙、各种生物活动的痕迹，可以带上铁锹和铲子，在不同分带开挖剖面，观察剖面上的沉积构造、生物遗迹构造等特征。

No2 观察内容：无障壁滨海（岸）环境的分带及其特征

📍 乌石塘砾滩

本点也是无障壁滨海（岸）环境下的典型沉积，处在岬湾之中，与上一点不同的是，这里的海滩沉积以磨圆很好的砾石为主，砾石的成分在区域上与基岩海岸的岩性保持一致，以火山岩为主（图3.58）。区域上，舟山市出露地层主要有上侏罗统和第四系。上侏罗统以中酸至酸性火山碎屑岩为主，含少量酸性熔岩和火山沉积岩。第四系松散沉积物分布在海积、冲海积平原区和山麓沟谷地带，厚度变化较大。

图 3.58　乌石塘砾滩

砾滩的形成应该与波浪作用有关。带队老师可以带领学生收集不同的砾石，判断岩性，并根据区域地质情况判断砾石的来源、分析砾滩的形成原因，推断实习点区域波浪的主要传播方向。

路线十四　🚩 基地 → 塘头村 → 基地

目的任务：

1. 观察分析波浪的搬运和沉积作用。

准备工作：

1. 根据参考文献中的教材和 PPT 课件了解海洋地质作用；
2. 准备必需的野外实习用品（包括测绳）。

No.1 观察内容：波浪的搬运及沉积特征

📍 **舟山塘头海湾**

波浪作用能引起海岸沉积物的搬运和再沉积。当波浪垂直岸线前进时，进流将水下的砂砾向岸上搬运，随着进流能量的消耗，部分砂砾留在岸上，部分砂砾随回流退回水下。在进流和回流的往返作用下，砂砾被磨圆和分选。进流能量大，可将粗大碎屑向岸上搬运，回流能量小，只能带走较细的碎屑，粗的砂砾则留在岸边，造成由岸向海，碎屑物由粗变细的分布规律。由回流带回的细砂—粉砂在水面附近受阻发生堆积，可形成平行海岸的砂堤或砂坝。

如果波浪斜向到达海岸，一部分海水以底流方式流回海中，另一部分则平行岸线流动，形成沿岸流（Longshore Current）。沿岸流能携带碎屑物沿岸线搬运，遇岸线拐弯处动能下降发生沉积，从而形成向海湾方向延伸的砂咀。当砂咀将海湾与外海隔开时，原海湾变成湖泊，称为潟湖。

如果海岸曲折，岬角、海湾交错，从外海到达海岸带的波浪发生折射，岬角处波能集中发生侵蚀，湾中波能消散，在湾顶形成海滩沉积。动能很大时形成砾滩，动能较大时形成砂滩，动能小时形成泥滩。

沿岸流的形成与盛行风的风向和风浪的折射有关。浅水地区的波浪作用及其派生的底流和沿岸流可以改变海岸地形地貌。

塘头地区海岸曲折，海湾和岬角发育，海浪在区域风场和地形的作用下到达海岸时发生明显折射，水动能很强，产生的沿岸流在湾顶的海滩上形成了明显的砾石沉积，形成砾滩（图3.59）。带队老师可以带领学生分析海滩上的砾石成分，在海滩周边，比如高山冲沟里，尝试是否可以找到砾滩沉积的物源。实习点附近新修了大堤，对沉积有一定的改造作用。

图 3.59 舟山塘头海湾上的砾石滩

第四章 野外地质工作基本方法和技能

第一节 准备工作
第二节 野外地质工作的基本内容
第三节 地形图基本知识
第四节 地质图的判读
第五节 罗盘和放大镜
第六节 野外地质定点
第七节 野外记录和路线剖面图
第八节 信手平面和剖面图的测制及室内资料整理
第九节 野外地质素描图
第十节 地质标本采集
第十一节 矿物和常见岩石的野外鉴定
第十二节 实习报告的编写

尽管地球科学的发展早已进入数值模型和大数据的时代，但是依靠人的视觉、触觉、嗅觉和听觉对野外各种地质现象进行观察和分析以获取第一手地质资料，仍然是开展地球科学研究的必要手段。因此，地质工作者非常有必要熟识野外地质调查工作的基本内容，并掌握其基本方法。本章就出野外工作前的准备工作、野外地质工作的基本内容及基本方法进行介绍。

第一节　准备工作

一、野外装备

野外地质工作是户外科学调查工作，因此准备适合野外活动的着装是非常必要的，如合身舒适而耐刮擦的衣服、防水并适合长距离行走的鞋、遮阳帽、雨具等。野外工作通常要携带地质锤、罗盘、放大镜、小刀、铅笔、油性记号笔、野外记录本、地形图、卫星定位仪（GPS）、数码照相机和适合野外携带的笔记本电脑等。

其次，准备一个结实、大小适宜的背包（地质包）非常必要，野外用品、装备及采集的标本样品等放在背包中便于携带行走。

另外，需准备一定容量的水壶、饭盒和日常药物（如创口贴、中暑药、蛇药以及防蚊虫虰咬的药品等）。

二、资料准备

在野外地质调查工作之前应该收集该工作区（或实习区）中前人整理过的地质资料，如区域地质工作、矿产地质及其他一些地质专项研究工作等，做到对工作区的地质概况有大致了解，尽可能做到有目的、有任务和带着问题进行野外地质调查。另外，根据野外实习目的，还需要收集相关的地理交通资料、适当比例尺的地形图和遥感影像图。

对参加野外实习的学生而言，还需要了解实习的主要地质内容，复习相关的地质概念、术语和课堂讲解过的各地质知识点等，可随身携带相关地质书籍到野外以备查阅。

第二节 野外地质工作的基本内容

由于地质工作的目的任务不同，野外地质工作的侧重点和内容不尽相同，但野外地质工作中一般均会涉及下列的一些基本地质内容。

（1）工作区的地形地貌等自然条件。

（2）工作区的岩石地层分布情况及各岩石地层间相互接触组合关系。

（3）工作区的断裂构造、褶皱、节理和岩层间上下接触关系等，以及各种构造现象的展布、规模、性质和相互关系。

（4）收集、采集工作区的各种产状要素、标本样品。

（5）对前人的地质工作成果进行鉴别、认识或再认识。

（6）对所观察到的地质现象和获取的地质数据、标本样品，用文字、素描图、剖面图或照片等内容进行格式相对规范的记录。

（7）收集工作区内的各种地质资源信息，如矿产。

（8）对所获取的地质数据和地质信息进行分析、归纳和推理。

在野外地质记录时，我们要做到真实、客观地描述所观察到的地质现象，要忠于地质现象本身。一般在野外地质工作后，要对野外地质现象和收集来的各种地质数据进行整理、分析、归纳而形成野外地质工作报告。因此，在每次野外实习完成后，都会要求同学们编写野外实习报告。

第三节 地形图基本知识

野外地质工作需要对观察到的各种地质现象进行准确定位，因此需要用到不同比例尺的地形图。地质图就是以地形图作为底图进行编绘的。本书只做一些简要介绍，同学们可参照专业测绘书籍进行深入学习。

一、地形图的比例尺

地形图指的是地表起伏形态和地理位置、形状在水平面上的投影图，具体来讲，将地面上的地物和地貌按水平投影的方法（沿铅垂线方向投影到水平面上），并按一定的比例尺缩绘到图纸上，这种图称为地形图。地面上的各种固定物体，如房屋、道路和农田等称为地物；地表面的高低起伏形态，如高山、丘陵、洼地等称为地貌。地形图用等高线表示地貌，并在平面图上标注各种地物。

地形图上一段直线的长度与地面上相应线段的实际水平长度之比，称之为地形图的比例尺。包括数字比例尺和图示比例尺。

数字比例尺一般取分子为1，分母为整数的分数表示。分母越大（分数值越小），则比例尺就越小。小比例尺地形图有1∶100万、1∶50万、1∶20万等，中比例尺地形图有1∶5万、1∶2.5万，大比例尺地形图有1∶1万、1∶5 000、1∶2 000、1∶1 000和1∶500。

为了用图方便，以及减小由于图纸伸缩而引起的使用中的误差，在绘制地形图时，常在图上绘制图示比例尺，最常见的图示比例尺为直线比例尺，也称线条比例尺。图4.1为1∶500的直线比例尺，取2 cm为基本单位，从直线比例尺上可直接读得基本单位的1/10，估读到1/100。

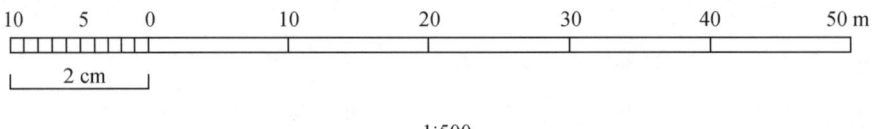

图4.1 直线比例尺

一般情况下，人们用肉眼能分辨的图上最小距离为0.1 mm，因此我们把图上0.1 mm所表示的实地水平长度称为比例尺精度。可以看出，比例尺越大，其比例尺精度也越高。不同比例尺的比例尺精度见表4.1。

表4.1 比例尺精度表

比例尺	1∶500	1∶1 000	1∶2 000	1∶5 000	1∶10 000
比例尺精度/m	0.05	0.1	0.2	0.5	1.0

在野外工作中实际采用何种比例尺的地形图，应从野外调查的实际情况出发进行选择，不应盲目追求更大比例尺的地形图。

二、地形图的分幅和编号

为便于测绘、管理和使用地形图，需要将各种比例尺的地形图进行统一的分幅和编号。地形图分幅的方法分为两类：一类是按经纬线分幅的梯形分幅法（又称为国际分幅法）；另一类是按坐标格网分幅的矩形分幅法。前者用于国家基本图的分幅，后者则用于工程建设大比例尺图的分幅。

1. 地形图的梯形分幅和编号

地形图比例尺有1∶100万、1∶50万、1∶25万、1∶10万、1∶5万、1∶2.5万和1∶1万。下面以北半球东侧1∶100万地形图为例解释地形图的分幅和编号。

1∶100万地形图分幅与编号采用1913年通过的《国际百万分一世界地图编绘细则》进行（图4.2）。标准分幅的经差是6°，纬差是4°。由于随纬度的增高地图面积迅速缩小，所以规定在纬度60°~76°之间双幅合并，即每幅图经差12°，纬差4°。在纬度76°~88°之间由四幅合并，即每幅图经差24°，纬差4°。纬度88°以上单独为一幅。我国处于纬度60°以下，故没有合幅的问题。

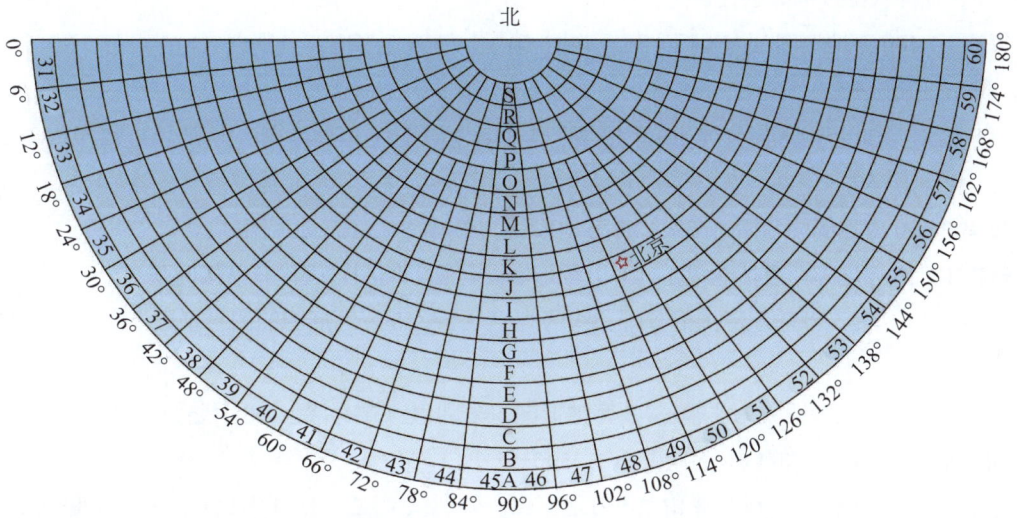

图 4.2　北半球东侧 1∶100 万地图的国际分幅与编号

如图4.2所示，从赤道起，每4°为一列，至北（南）纬88°，各为22列，依次用英文字母A，B，C，…，V表示其相应的列号，列号前分别冠以N和S，区别北半球和南半球（我国地处北半球，图号前的N全部省略）。从180°经线算起，自西向东每6°为一行，将全球分为60行，依次用1，2，3，…，60来表示。"列号—行号"相结合即为该图幅的编号。例如北京某地的经度为东经116°24′20″，北纬为39°56′30″，则所在的1∶100万比例尺的图号为J—50（图4.3）。

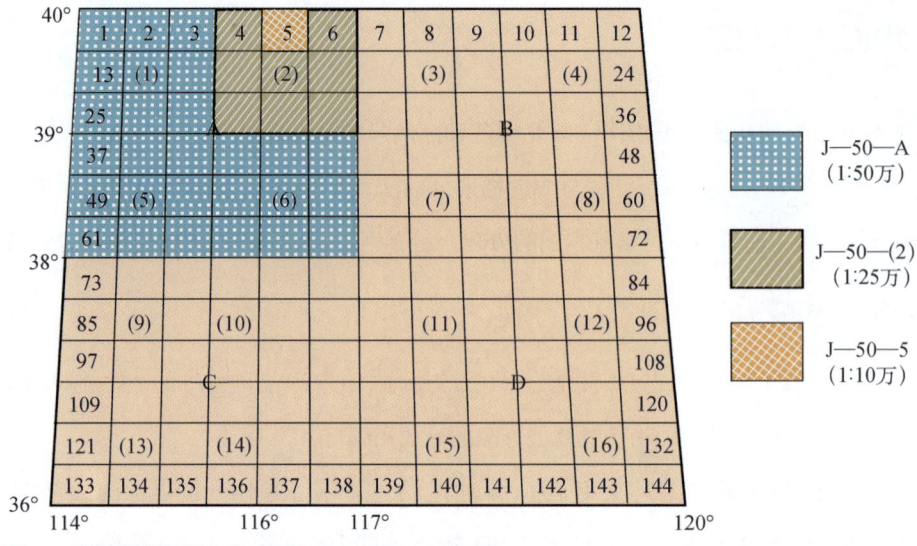

图 4.3　地形图分幅与编号（1∶50 万、1∶25 万、1∶10 万）

对 1∶50 万、1∶25 万和 1∶10 万的地形图，其地图编号都是在 1∶100 万图号后分别加上自己的代号所成，如图 4.3 所示。每一幅 1∶100 万地形图分为 2 行 2 列，共 4 幅 1∶50 万地形图，分别以 A、B、C、D 为代号，例如 J—50—A。

每幅 1∶100 万地形图分为 4 行 4 列，共 16 幅 1∶25 万地形图，分别以（1），（2），…，（16）为代号，例如 J—50—（2）。

每一幅 1∶100 万地形图分为 12 行 12 列，共 144 幅 1∶10 万地形图，分别用 1，2，3，…，144 为代号，例如 J—50—5。

每幅 1∶50 万地形图包括 4 幅 1∶25 万地形图、36 幅 1∶10 万地形图。

每幅 1∶25 万地形图包括 9 幅 1∶10 万地形图，但它们的图号间没有直接的联系。

1∶5 万和 1∶2.5 万的地形图的分幅和编号则是从 1∶10 万地形图的图号基础上延伸出来的，如图 4.4 所示。

每幅 1∶10 万地形图分为 4 幅 1∶5 万地形图，分别以 A、B、C、D 为代号，其图号是在 1∶10 万地形图图号后加上各自的代号而成，如 J—50—5—B。

每幅 1∶5 万地形图分为 4 幅 1∶2.5 万地形图，分别以 1，2，3，4 为代号，其编号是在 1∶5 万地形图图号后再加上 1∶2.5 万地形图代号而成，例如 J—50—5—B—4。

将每幅 1∶10 万地形图分为 8 行 8 列，共 64 幅 1∶1 万地形图，代号分别以（1），（2），（3），…，（64）表示，其编号是在 1∶10 万地形图图号后加上各自的代号而成，如 J—50—5—（24）。

2. 国家基本比例尺地形图的分幅与编号

我国 1992 年 12 月发布了《国家基本比例尺地形图分幅和编号》（GB/T 13989—92）的国家标准，自 1993 年 3 月起实施[1]。本书新测和更新的基本比例尺地形图，均须按照此标准进行分幅和编号。新的

---

[1] 注：现行国家标准为《国家基本比例尺地形图分幅和编号》（GB/T 13989—2012）。

分幅编号有以下特点。

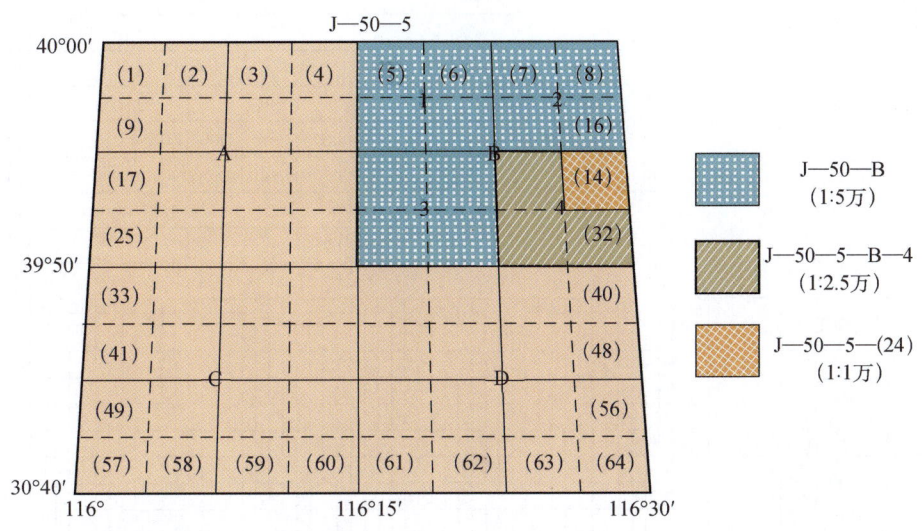

图 4.4　地形图分幅与编号（1∶5 万、1∶2.5 万、1∶1 万）

① 1∶5 000 地形图列入国家基本比例尺地形图系列，使基本比例尺地形图增至 8 种。

② 分幅虽仍以 1∶100 万地形图为基础，经纬差也没有改变，但划分的方法不同，即全部由 1∶100 万地形图逐次加密划分而成；此外，过去的列、行现在改称为行、列。

③ 编号仍以 1∶100 万地形图编号为基础，后接相应比例尺的行、列代码，并增加了比例尺代码。因此，所有 1∶5 000 至 1∶50 万地形图的图号均由五个元素 10 位代码组成。编码系列统一为一个根部，编码长度相同，方便计算机处理。

1）分幅

1∶100 万地形图的分幅按照国际 1∶100 万地形图分幅标准进行。

每幅 1∶100 万地形图划分为 2 行 2 列，共 4 幅 1∶50 万地形图，每幅 1∶50 万地形图的分幅为经差 3°，纬差 2°。

每幅 1∶100 万地形图划分为 4 行 4 列，共 16 幅 1∶25 万地形图，每幅 1∶25 万地形图的分幅为经差 1°30′，纬差 1°。

每幅 1∶100 万地形图划分为 12 行 12 列，共 144 幅 1∶10 万地形图，每幅 1∶10 万地形图的分幅为经差 30′，纬差 20′。

每幅 1∶100 万地形图划分为 24 行 24 列，共 576 幅 1∶5 万地形图，每幅 1∶5 万地形图的分幅为经差 15′，纬差 10′。

每幅 1∶100 万地形图划分为 48 行 48 列，共 2 304 幅 1∶2.5 万地形图，每幅 1∶2.5 万地形图的分幅为经差 7′30″，纬差 5′。

每幅 1∶100 万地形图划分为 96 行 96 列，共 9 216 幅 1∶1 万地形图，每幅 1∶1 万地形图的分幅为经差 3′45″，纬差 2′30″。

每幅 1∶100 万地形图划分为 192 行 192 列，共 36 864 幅 1∶5 000 地形图，每幅 1∶5 000 地形图的分幅为经差 1′52″.5，纬差 1′15″。

不同比例尺地形图的经纬差、行列数和图幅数成简单的倍数关系（图4.5）。

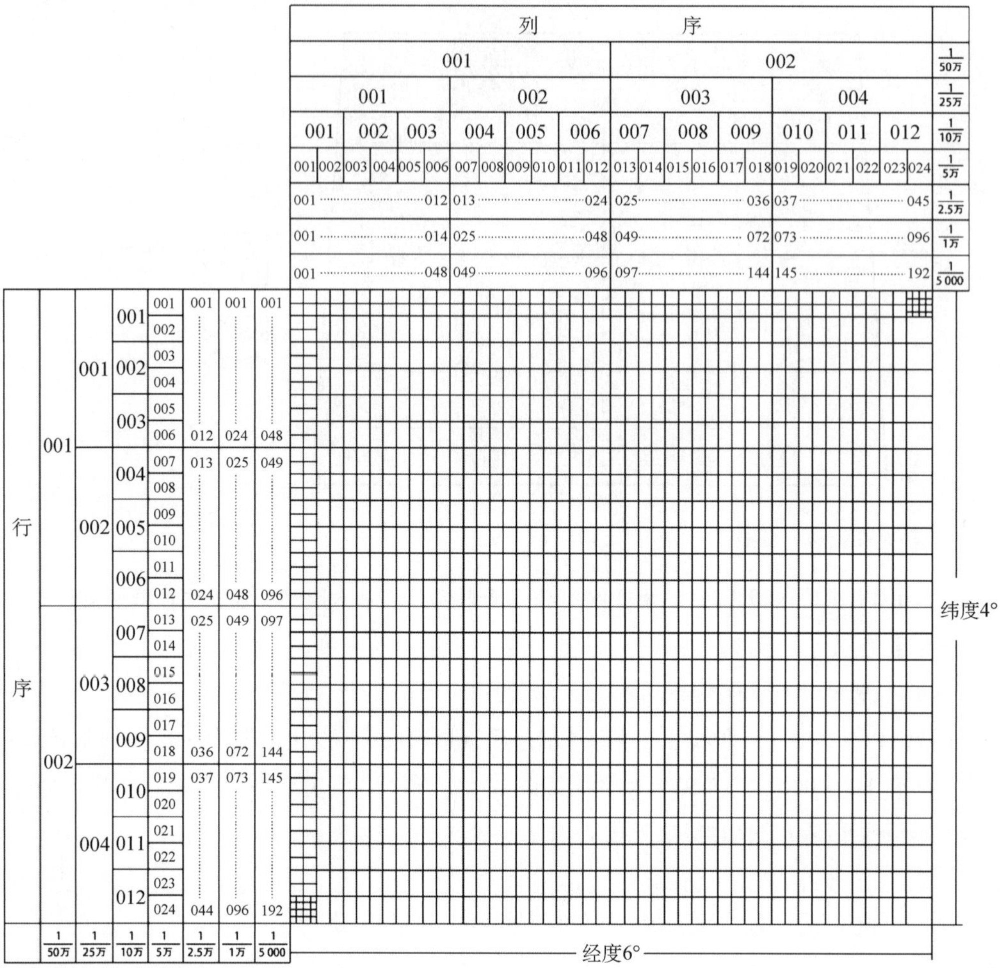

图 4.5　地形图的行、列编号（1∶100万至1∶5 000）

2）编号

（1）1∶100万地形图的编号。

与图4.5所示方法基本相同，只是行和列的称谓相反。1∶100万地形图的图号是由该图所在的行号（字符码）与列号（数字码）组合而成，如北京所在的1∶100万地形图的图号为J—50。

（2）1∶50万至1∶5 000地形图的编号。

1∶50万至1∶5 000地形图的编号均以1∶100万地形图编号为基础，采用行列式编号方法。将1∶100万地形图按所含各比例尺地形图的经差和纬差划分成若干行和列，行从上到下、列从左到右按顺序分别用阿拉伯数字（数字码）编号。图幅编号的行、列代码均采用三位十进制数表示，不足三位时补0，取行号在前、列号在后的排列形式标记，加在1∶100万图幅的图号之后。

为了使各种比例尺不至混淆，实际应用中分别采用不同的英文字符作为各种比例尺的代码，见表4.2。

表 4.2 我国基本比例尺代码表

比例尺	1∶50万	1∶25万	1∶10万	1∶5万	1∶2.5万	1∶1万	1∶5 000
代码	B	C	D	E	F	G	H

1∶50 万至 1∶5 000 比例尺地形图的编号均由五个元素 10 位代码构成，即 1∶100 万图的行号（字符码）1 位，列号（数字码）2 位，比例尺代码（字符）1 位，该图幅的行号（数字码）3 位，列号（数字码）3 位。

3. 矩形分幅和编号

为了满足工程设计、施工及资源与行政管理的需要，1∶500、1∶1000、1∶2 000 和小区域 1∶5 000 比例尺的地形图采用矩形分幅（表 4.3）。

表 4.3 矩形分幅及面积表

比例尺	50×40 分幅		50×50 分幅	
	图幅大小（cm×cm）	实地面积（km×km）	图幅大小（cm×cm）	实地面积（km×km）
1∶5 000	50×40	5	50×50	1
1∶2 000	50×40	0.8	50×50	4
1∶1 000	50×40	0.2	50×50	16
1∶500	50×40	0.05	50×50	64

图幅一般为 50 cm×50 cm 或 40 cm×50 cm，以纵横坐标的整公里整百米数作为图幅的分界线。50 cm×50 cm 图幅最常用。

一幅 1∶5 000 的地形图分成四幅 1∶2 000 的图；一幅 1∶2 000 的地形图分成四幅 1∶1 000 的地形图；一幅 1∶1 000 的地形图分成四幅 1∶500 的地形图（图 4.6）。

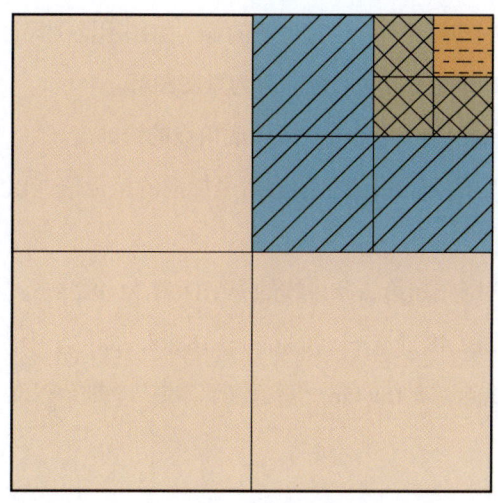

图 4.6 1∶500～1∶5 000 地形图分幅与编号

三、地形图图外注记

为了图纸管理和使用的方便，在地形图的图框外有许多注记，如图号、图名、接图表、图廓、坐标格网和三北方向线等。

1. 图名和图号

图名就是本幅图的名称，常用本图幅内最著名的地名、村庄或厂矿企业的名称来命名。图号即图的编号，每幅图上标注编号可确定本幅地形图所在的位置。图名和图号标在北图廓上方的中央。

2. 接图表

说明本图幅与相邻图幅的关系，供索取相邻图幅时使用。通常是中间一格画有斜线的代表本图幅，四邻分别注明相应的图号或图名，并绘注在图廓的左上方。此外，除了接图表外，有些地形图还把相邻图幅的图号分别注在东、西、南、北图廓线中间，进一步标明与四邻图幅的相互关系。

3. 图廓和坐标格网线

图廓是图幅四周的范围线，它有内图廓和外图廓之分。内图廓是地形图分幅时的坐标格网或经纬线。外图廓是距内图廓以外一定距离绘制的加粗平行线，仅起装饰作用。在内图廓外四角处注有坐标值，并在内图廓线内侧，每隔 10 cm 绘有 5 mm 的短线，表示坐标格网线的位置。在图幅内绘有每隔 10 cm 的坐标格网交叉点。

内图廓以内的内容是地形图的主体信息，包括坐标格网或经纬网、地物符号、地貌符号和注记。比例尺大于 1∶10 万只绘制坐标格网。

外图廓以外的内容是为了充分反映地形图特性和用图的方便而布置在外图廓以外的各种说明、注记，统称为说明资料。在外图廓以外，还有一些内容，如图示比例尺、三北方向、坡度尺等，是为了便于在地形图上进行量算而设置的各种图解，称为量图图解。

在内、外图廓间注记坐标格网线的坐标，或图廓角点的经纬度。

在内图廓和分度带之间的注记为高斯平面直角坐标系的坐标值（以 km 为单位），由此形成该平面直角坐标系的公里格网。

在图 4.7 中，直角坐标格网左起第二条纵线的纵坐标为 22 482 km。其中 22 是该图所在投影带的带号，该格网线实际上与轴相距 482 km − 500 km = − 18 km，即位于中央子午线以西 18 km 处。该图中，南边的第一条横向格网线的 = 5 189 km，表示位于赤道（y 轴）以北 5 189 km。

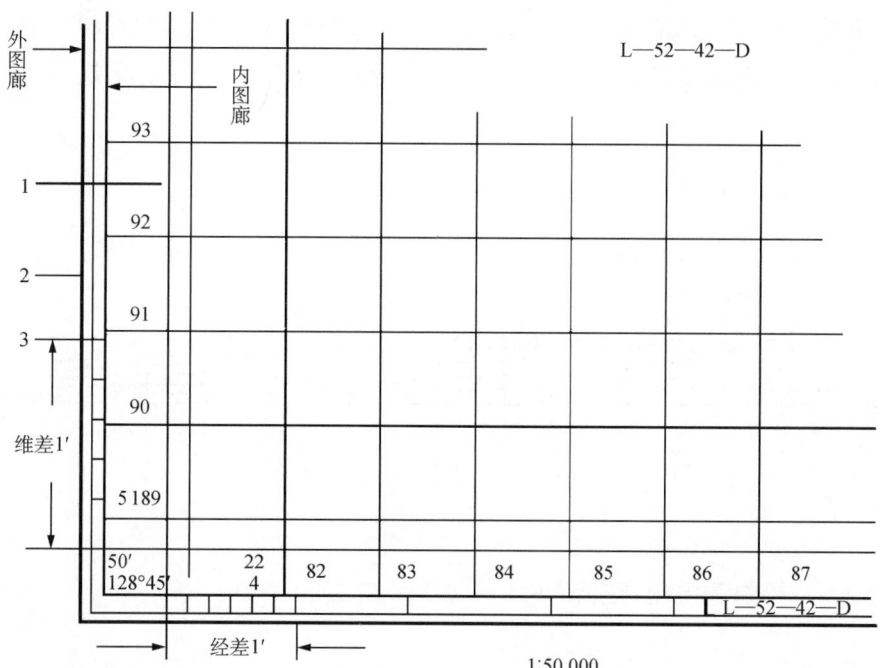

图 4.7 图廓及坐标格网

4. 三北方向线及坡度尺

在中、小比例尺的南图廓线的右下方，还绘有真子午线、磁子午线和坐标纵轴（中央子午线）三个方向之间的角度关系，称为三北方向图。以图 4.8 为例，磁偏角为 9°50′（西偏），坐标纵轴对真子午线的子午线收敛角为 0°05′（西偏）。利用该关系图，可对图上任一方向的真方位角、磁方位角和坐标方位角三者间作相互换算。

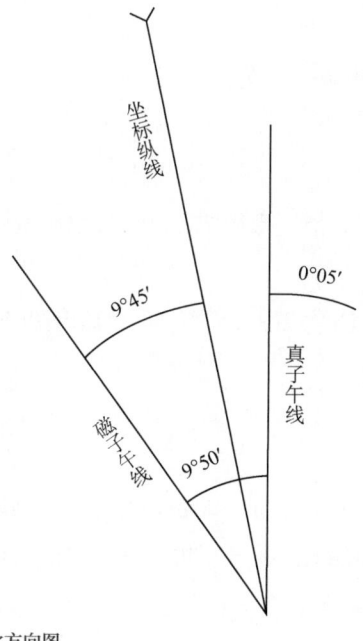

图 4.8 三北方向图

坡度尺用于在地形图上量测坡度，绘在南图廓外直线比例尺的左边。坡度尺的水平底线下边注有两行数字，上行是用坡度角表示的坡度，下行是用对应的倾斜百分率表示的坡度，即坡度角的正切函数值（图 4.9）。

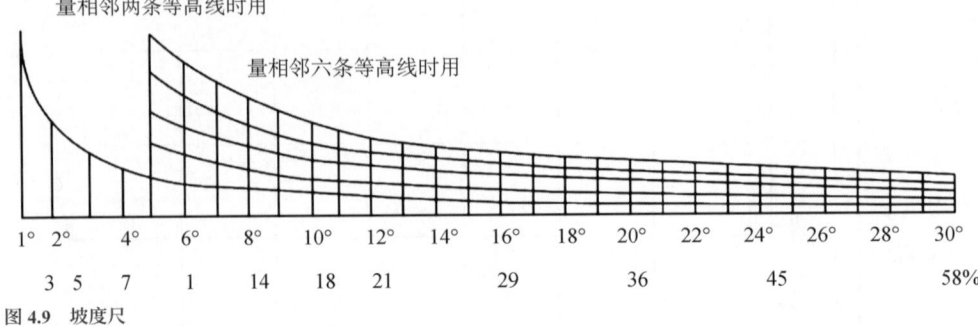

图 4.9　坡度尺

5. 投影方式、坐标系统和高程系统

每幅地形图测绘完成后，都要在图上标注本图的投影方式、坐标系统和高程系统，以备日后使用时参考。地形图采用正投影的方式完成。

坐标系统指该幅图是采用以下哪种方式完成的。中华人民共和国成立以来，中国于 20 世纪 50 年代和 80 年代分别建立了 1954 年北京坐标系和 1980 年西安坐标系（1980 年国家大地坐标系；城市坐标系；独立平面直角坐标系）。2008 年 3 月，由国土资源部正式上报国务院《关于中国采用 2000 国家大地坐标系的请示》，并于 2008 年 4 月获得国务院批准。自 2008 年 7 月 1 日起，中国全面启用 2000 国家大地坐标，国家测绘局受权组织实施。

高程系统指地形图所采用的高程基准，我国采用 1985 年国家高程基准系统，也就是 1956 黄海高程基准。

以上内容均应标注在地形图外图廓右下方。

6. 成图方法和测绘单位

地形图成图的方法主要有三种：航空摄影成图、平板仪测量成图和野外数字测量成图。成图方法应标注在外图廓右下方。

此外，地形图还应标注测绘单位、成图日期等，供日后用图时参考。

四、地形图图式

地形是地物和地貌的总称。地物是地面上的各种固定性的物体。由于其种类繁多，国家测绘总局颁发了《国家系列比例尺地形图图式》统一了地形图的规格要求、地物、地貌符号和注记，可参照现行国家标准《国家基本比例尺地图图式第 1 部分　1∶500　1∶1 000　1∶2 000 地形图图式》（GB/T

20257.1—2017），该标准共 4 个部分。

1. 地物符号

地物符号包括依比例尺符号、非比例尺符号和半比例尺符号。

依比例尺符号指能将地物的形状、大小和位置按比例尺缩小绘在图上以表达轮廓特征的符号。

非比例尺符号指在图上只能表示地物的中心位置，不能表示其形状和大小的符号。一般采用统一尺寸，用规定的符号来表示，如三角点、水准点、烟囱和消防栓等。

半比例尺符号也称线状符号，指一些呈线状延伸的地物，其长度能按比例缩绘，而宽度不能按比例缩绘，如铁路、公路、围墙和通信线等。

2. 地貌符号

地貌一般有四种类型。地势起伏小，地面倾斜角一般在 2°以下，比高一般不超过 200 m 的称之为平地；地面高低变化大，倾斜角在 2°至 6°，比高不超过 150 m，称之为丘陵地；高低变化悬殊，倾斜角在 6°至 25°，比高一般在 150 m 以上的，称之为山地；绝大多数倾斜角超过 25°的，称之为高山地。

对于大、中比例尺地形图主要采用等高线表示地貌，对于特殊地貌采用特殊符号表示。

1）等高线

等高线是地面上相同高程的相邻各点连成的闭合曲线，也就是设想水准面与地表面相交形成的闭合曲线。等高线具有以下五点明显的特征。

（1）同一条等高线上各点的高程相等。

（2）等高线是闭合曲线，不能中断，如果不在同一幅图内闭合，则必定在相邻的其他图幅内闭合。

（3）等高线只有在绝壁或悬崖处才会重合或相交。

（4）等高线经过山脊或山谷时改变方向，因此山脊线与山谷线应和改变方向处的等高线的切线垂直相交。

（5）在同一幅地形图上，等高线间隔是相同的。因此，等高线平距大表示地面坡度小；等高线平距小则表示地面坡度大；平距相等则坡度相同。倾斜平面的等高线是一组间距相等且平行的直线。

等高线包括首曲线和计曲线，有时也用间曲线和助曲线。

首曲线也称基本等高线，是指从高程基准面起算，按规定的基本等距描绘的等高线，用宽度为 0.15 mm 的细实线表示。计曲线从高程基准面起算，每隔四条基本等高线有一条加粗的等高线，称为计曲线。为了读图方便，计曲线上也注出高程。当基本等高线不足以显示局部地貌特征时，按二分之一基本等高距所加绘的等高线，称为间曲线（又称半距等高线），用长虚线表示，按四分之一基本等高距所加绘的等高线，称为助曲线，用短虚线表示。

2）等高距与等高平距

相邻等高线之间的高差称为等高距或等高线间隔。在同一幅地形图上，等高距是相同的。相邻等高线之间的水平距离称为等高线平距，常以 d 表示。等高线平距越小，地面坡度越大；平距越大，则坡度越小；平距相等，则坡度相同。由此可见，根据地形图上等高线的疏、密可判定地面坡度的缓、陡。等高距的选择，应该根据地形类型和比例尺大小，并按照相应的规范执行（表4.4）。

表4.4　大比例尺地形图的基本等高距

比例尺	平地/m	丘陵/m	山地/m
1∶500	0.5	0.5	1
1∶1 000	0.5	1	1
1∶2 000	0.5	1	2，2.5
1∶5 000	1	2，2.5	2.5，5

3）典型地貌的等高线

地貌形态繁多，基本上由几种典型的地貌综合而成，包括以下几种。

（1）山头和洼地。

山头与洼地的等高线都是一组闭合曲线，但它们的高程注记不同。内圈等高线的高程注记大于外圈者为山头；反之，小于外圈者为洼地。

也可以用坡线表示山头或洼地。示坡线是垂直于等高线的短线，用以指示坡度下降的方向（图4.10）。

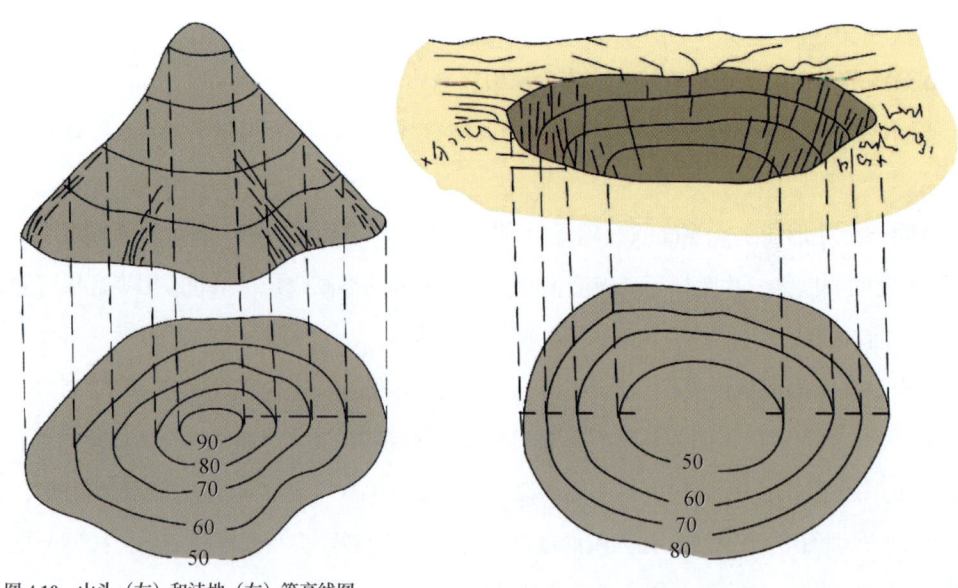

图4.10　山头（左）和洼地（右）等高线图

(2) 山脊和山谷。

山顶向一个方向延伸的凸棱部分称为山脊，山脊的最高点连线称为山脊线，山脊等高线表现为一组凸向低处的曲线。

相邻山脊之间的凹部是山谷。山谷中最低点的连线称为山谷线，山谷等高线表现为一组凸向高处的曲线（图 4.11）。

雨水会以山脊线为分界线流向山脊两侧，所以山脊线又称为分水线。在山谷中，雨水由两侧山坡汇集到谷底，然后沿山谷线流出，所以山谷线又称为集水线（图 4.12）。山脊线和山谷线合称为地性线。

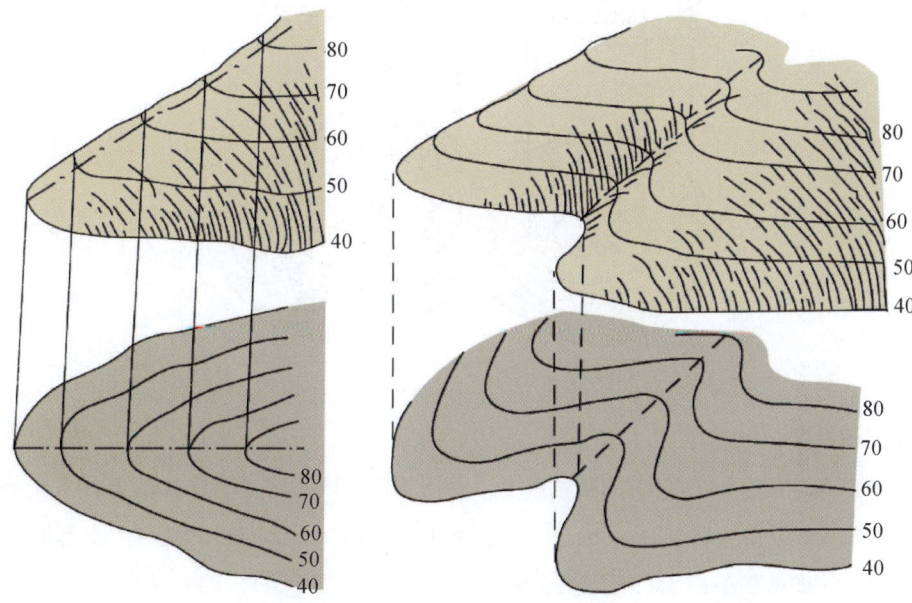

图 4.11　山脊（左）和山谷（右）等高线

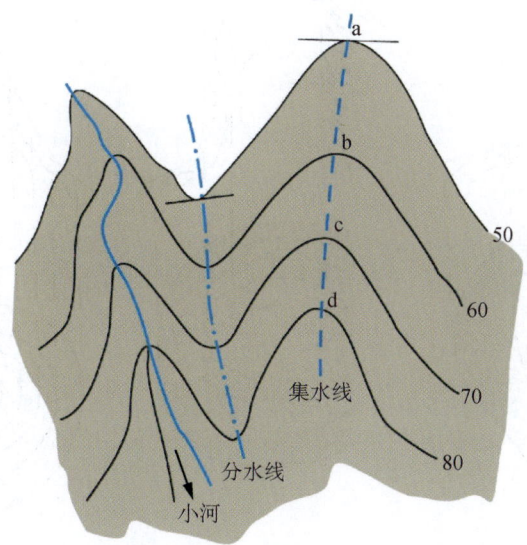

图 4.12　山脊线、山谷线与等高线的关系

（3）鞍部。

鞍部是相邻两山头之间呈马鞍形的低凹部位（图 4.13 中的 S 处）。它的左右两侧的等高线是对称的两组山脊线和两组山谷线。鞍部等高线的特点是在一圈大的闭合曲线内，套有两组小的闭合曲线。

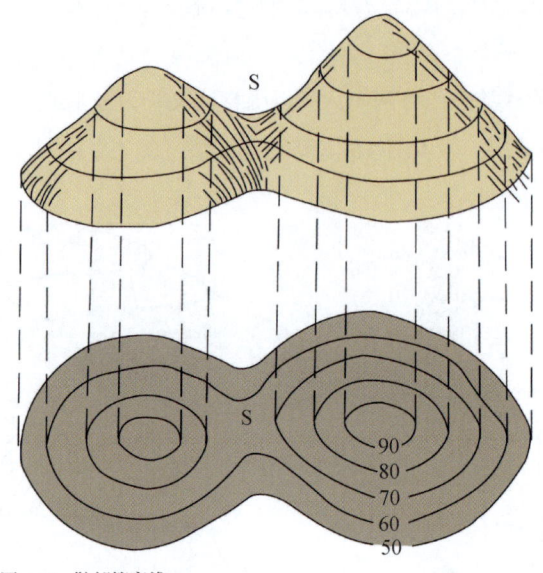

图 4.13　鞍部等高线

（4）陡崖和悬崖。

陡崖是坡度在 70°以上或为 90°的陡峭崖壁，若用等高线表示将非常密集或重合为一条线，因此采用陡崖符号来表示［图 4.14（a），（b）］。悬崖是上部突出、下部凹进的陡崖。上部的等高线投影到水平面时，与下部的等高线相交，下部凹进的等高线用虚线表示［图 4.14（c）］。

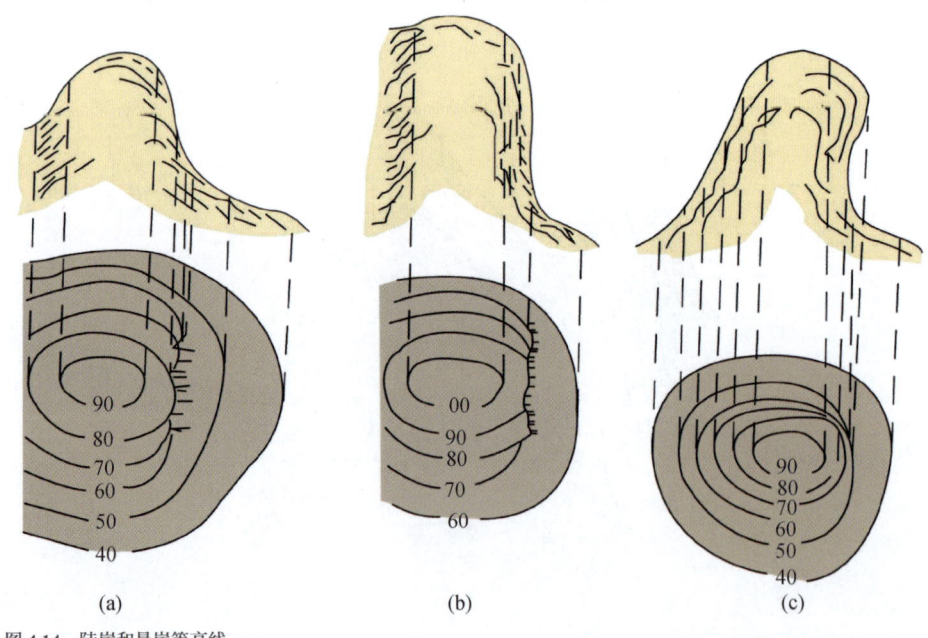

图 4.14　陡崖和悬崖等高线

对上述典型地貌的等高线特征有了充分了解之后,我们就能准确熟练地认识地形图上用等高线表示的复杂地貌,将二维的平面图复原为三维空间图(图 4.15)。

图 4.15　二维地形图(下)与三维空间图(上)对应关系示意图

第四节 地质图的判读

地质图是通过野外地质调查和室内编图，将区域上的地质体（地层、构造）及地质体之间的界线、形成时代和产状，在一定比例尺的地形图上用规范的色标颜色和地质符号表示出来的综合图件。

一、标准地质图图式

一幅地质图由图名、主图、左侧综合柱状图、右侧图例、下方剖面图及接图表组成（图4.16）。也可以在综合柱状图的位置放构造纲要图、岩相古地理图，或者其他需要说明的重要图件。

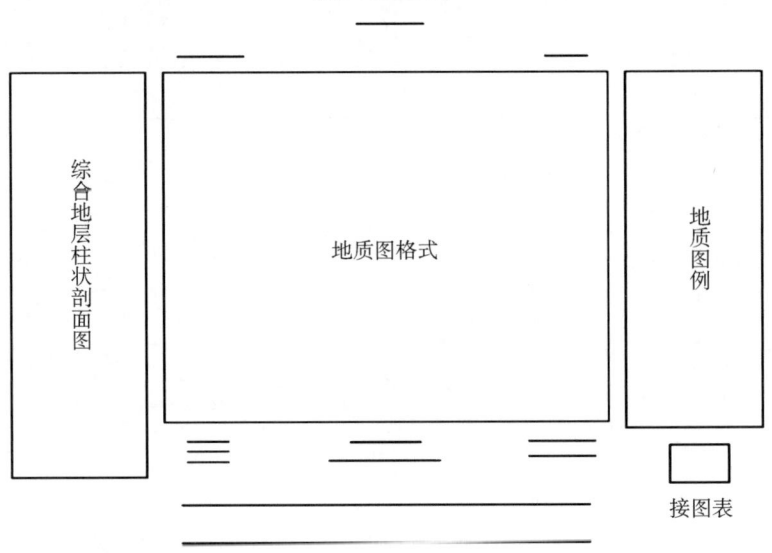

图 4.16　标准地质图图式

二、标准地质图整饰

标准地质图的图件要素包括图名、比例尺及地质剖面图、左上图廓图面整饰注释、左下图廓整饰、右上图廓及图例整饰、右下图廓及接图表和综合地层柱状图。实习带队老师可以对照公开出版的地质图给学生做详细讲解，如中华人民共和国区域地质调查报告1∶5万煤山镇幅（H50E006023）和长兴县幅（H50E006024）（张克信等，2005）。图中字体、线条、符号和颜色选择都需参照国家标准绘制。

在这些图件要素中，根据综合地层柱状图（图4.17），读者可以了解某个区域上在地表出露的地层的地质年代序列、不同地层单元的主要岩性特征以及不同地层单元之间的接触关系；根据剖面图（图4.18），读者可以了解地层序列在空间上的展布形态和本区发育的构造类型。

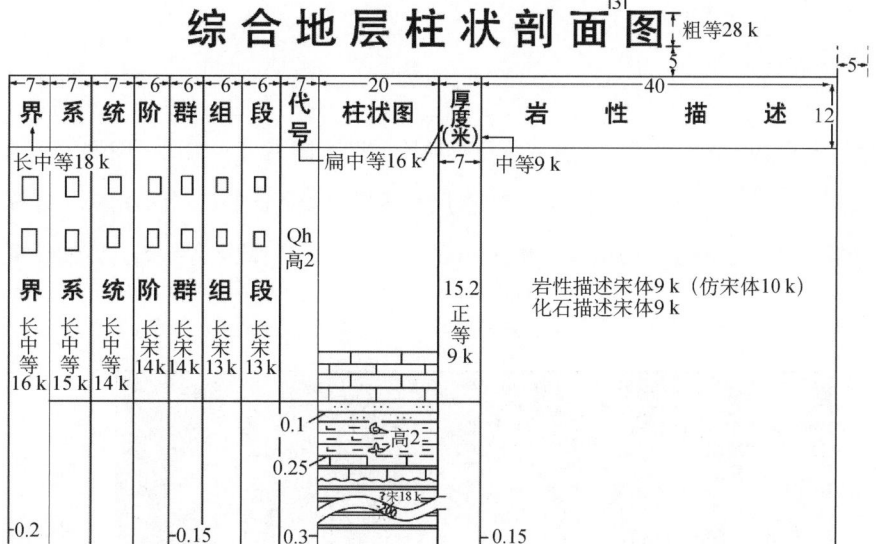

图 4.17 标准地质图中地层柱状图样式

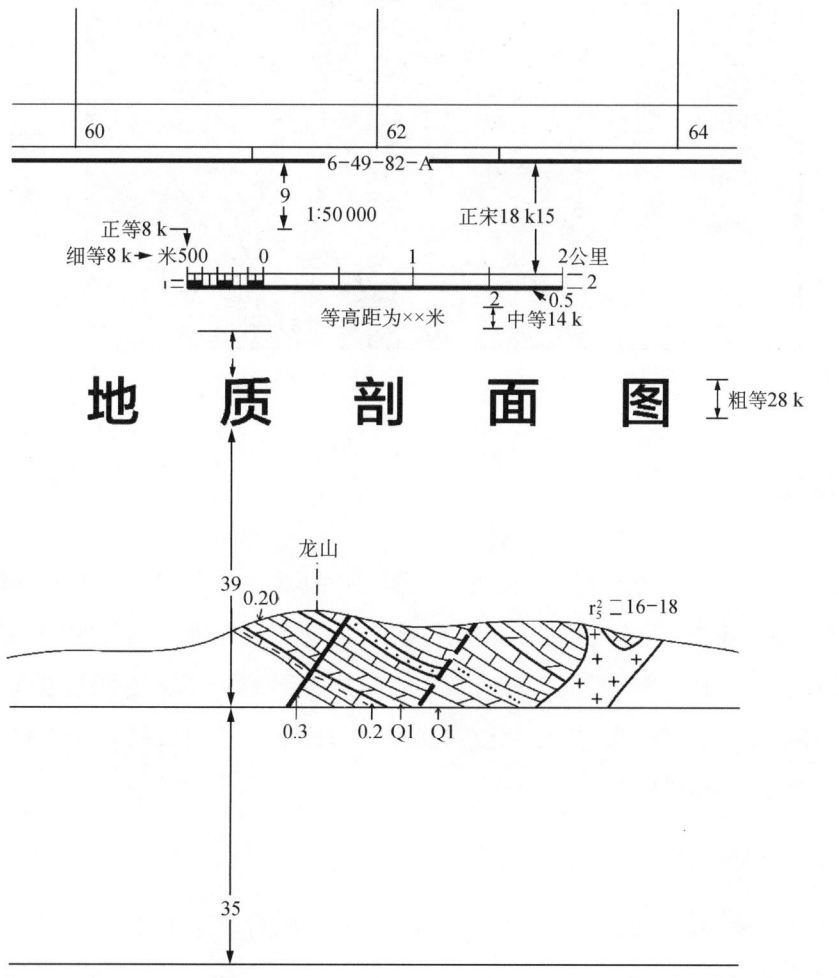

图 4.18 标准地质图中剖面图样式

三、非标准地质图

非标准地质图常称为地质简图，图中主要有地质主图、图名与比例尺、图例等，图名与比例尺可放在图框上方、下方或图框里适当位置，比例尺一般采用线条比例尺（图 4.19）。非标准地质图上可以没有地形等高线、水系等，但尽可能要有制高点、居民点、行政区界线等，方便使用。

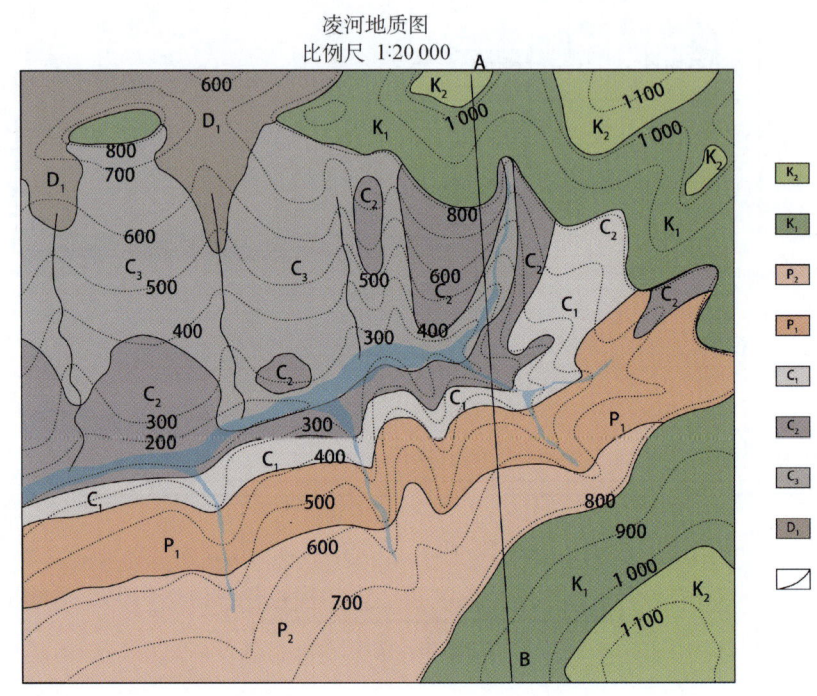

图 4.19　非标准地质图形式

四、阅读地质图

首先读图框外的内容，包括图名、比例尺、图例和地层综合柱状图，建立对地质图幅的总体概念，然后进行通读。根据地形等高线、水系及标高点的分布情况，了解本区的地形特点、山脉、水系分布的主要方向，地形和岩性、构造的关系，各时代地层的分布和产状，主要褶皱和断层构造的展布方向，岩浆岩体的分布和产状等，查明本区总的地质构造轮廓。在了解上述内容的基础上，再结合具体的问题进行分析、归纳和总结。

1. 岩层、岩体露头形状与地形的关系

地质图是各种岩层、岩体露头的边界线在地形图上的垂直投影。在不同产状和地形下，各种露头的地质界线具有不同的形状。

水平岩层在地质图上的特征如下：①地质界线与地形等高线平行或重合；②老地层出露在地形低处，新岩层分布在高处；③岩层出露宽度取决于岩层厚度和地面坡度；④岩层的厚度是其顶、底面间的高差。

倾斜岩层在地质图上的特征可用"V字形法则"进行判断。

（1）当岩层倾向与坡向相反，岩层界线与等高线的弯曲方向相同，但是等高线更弯曲。沟谷处形成尖端指向上游的"V"字形，山脚处形成尖端指向下游的"V"字形（图4.20）。

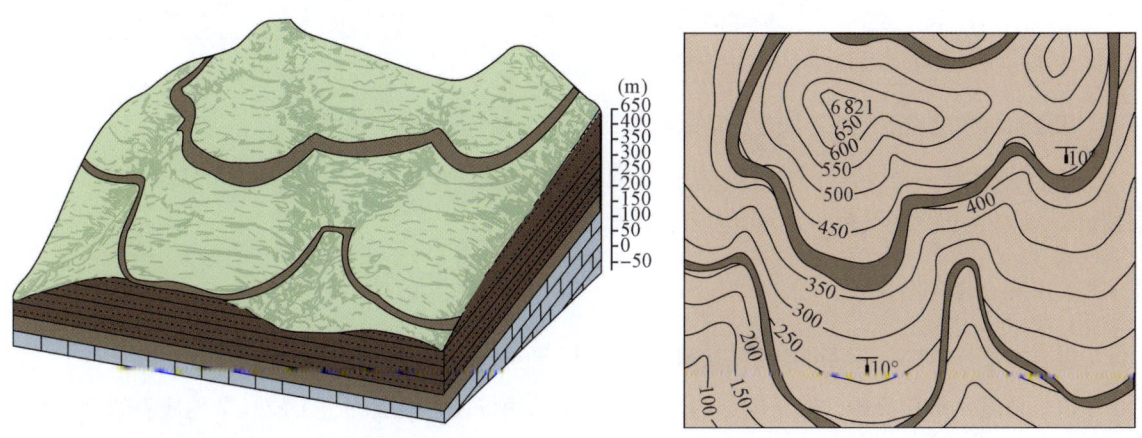

图4.20 岩层倾向与坡向相反时的"V字形法则"

（2）当岩层倾向与坡向一致，但倾角大于坡角时，岩层的界线与等高线的弯曲方向相反。沟谷中形成尖端指向下游的"V"字形，山脊上形成尖端向上游的"V"字形（图4.21）。

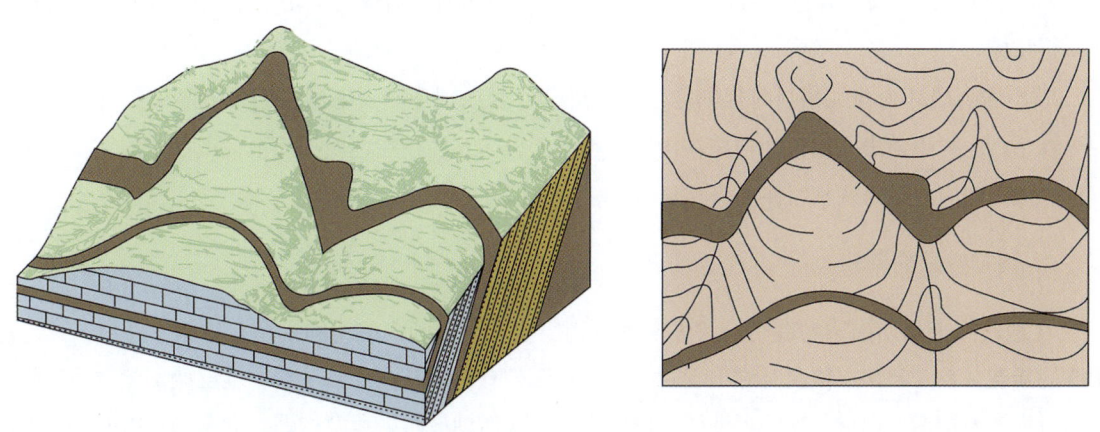

图4.21 岩层倾向与坡向一致时的"V字形法则"（倾角大于坡角）

（3）当岩层倾向与坡向一致，但岩层倾角小于坡角时，岩层的界线与等高线的弯曲方向相同，但岩层的界线更弯曲。沟谷中形成尖端指向上游的"V"字形，但界线弯曲的紧闭度大于等高线弯曲的紧闭度（图4.22）。

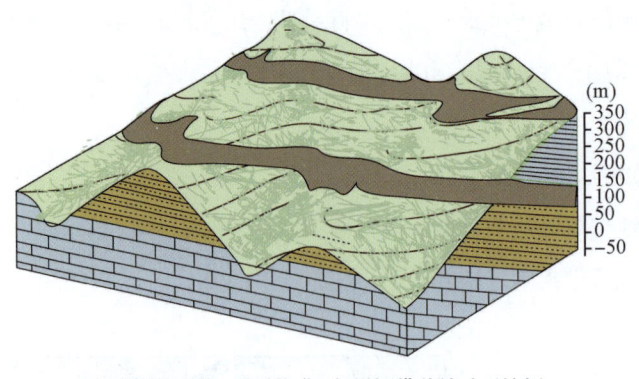

图 4.22　岩层倾向与坡向一致时的"V 字形法则"（倾角小于坡角）

直立岩层在地质图上的界线是一条顺岩层走向的直线，不受地形影响。

"V 字形法则"不仅适用于层状、似层状地质体的判读，也适用于其他地质体的判读，如岩浆岩侵入体、矿体与围岩的接触面、断层面及不整合面等。

2. 岩层、岩体的接触关系判读

整合、平行不整合接触可参看柱状图进行判断。

（1）角度不整合接触：较新地层的下界面地质界线与较老地层的一个或几个地质界线相接触，前者明显切断后者，也可参看地层柱状图。通常情况下，地质图上通常用特有的符号加以表示。

（2）侵入接触：地质图上常用一定的花纹表示。在地层出露较宽而岩体较小时，往往只见岩体边界线在该地层分布内呈封闭状态。这种情况下需要根据岩体附近是否存在接触变质现象来进行判断。

（3）沉积接触：岩体的边界线为较新地层的界线所切断。岩体与该地层的接触带附近不见接触变质花纹标志。

喷出岩一般作为与某相当时代的地层统一处理。岩床则不归入地层中而单独圈出，其界线与地层界线平行。对于喷出岩和包括岩床在内的各种侵入岩体，往往在地质图面上使用规定的花纹或颜色表示，读图时应注意辨认其岩性、岩相与时代。

3. 褶皱构造的判读

在地质图上判读褶皱构造时，首先要垂直地层走向（顺倾向或背向）进行追索，注意沿途地层出露的新老关系。若地层依次对称出现时，即表示区内有褶皱存在，当较新的地层两侧依次出现较老地层时为向斜构造；相反，在较老地层两侧依次出现较新地层时为背斜构造。向斜构造中的最新地层分布区为向斜核部，背斜构造中的最老地层分布区为背斜核部，核部两侧的其余部分为褶曲（背斜或向斜）的翼部。

当追索中发现地层被岩体、断层切断，或为较新地层角度不整合覆盖时，可沿走向追索，注意用相邻地段出露情况来推断被切断或被覆盖部位原应属哪套地层，以恢复褶皱构造的原来面貌。

在确定褶皱构造的基本类型后，应进一步分析下列内容。

（1）褶皱轴的延伸方向。传统的褶皱轴指轴面与水平的交线，亦即轴面的走向线。在地质图上，两翼相应地层间沿走向相交点的连线即为褶皱轴所在，它的方向即为人们通常所说的"轴向"。

（2）褶皱构造的横断面形态。两翼地层倾向相反、倾角大小相等的为直立褶皱；两翼倾向相反而倾角大小不等的为倾斜褶皱；两翼倾向相同，其中有一翼地层层序倒转时为倒转褶皱。

（3）褶皱枢纽产状的确定。如果褶曲核部宽窄大体不变，两翼的地层界线大致平行，表示枢纽是水平的；如果核部呈封闭曲线，两翼地层界线不平行，具有弧形转折端，表示枢纽是倾伏的，在倾伏方向上地层时代越来越新。同时，核部的宽窄变化也能反映枢纽的产状及倾伏方向，核部变窄或闭合尖灭的方向是背斜枢纽倾伏的方向或向斜枢纽的扬起方向。

4. 断层构造的判读

大部分地质图都用一定的符号表示断层的产状和断层类型。少数地质图只画出了断层线，在这种情况下，首先要注意断层的倾向及倾角，然后判断两盘相对位移方向。当地质图上某一地层界线沿走向突然中断，说明该处有倾向断层或斜交断层存在；如果沿地层倾向发现地层有不正常的缺失（地层柱状图可以给出相关的信息），或不对称的重复出现，则往往指示有走向断层存在。

地质图下方的地质剖面图有助于我们更好地判读褶皱构造。

5. 生物化石标示

地质图上有可能标有生物化石图标，凡用符号标出的化石位置，表明在该位置产出重要的化石，符号主要分为脊椎动物化石、鱼类化石、无脊椎动物化石、植物化石等。

第五节 罗盘和放大镜

一、罗盘的使用方法

在野外地质工作中罗盘主要被用来确定方位、测量地形坡度及各种面状和线状地质体的产状。我国地质工作者较常用的是八角罗盘，如哈尔滨光学仪器厂生产的 DQY-1 型地质罗盘仪（图 4.23）。

1. 罗盘的结构

罗盘包括上盖、外壳、连接合页、反光镜、折叠式觇板、磁针、刻度盘、圆水准器、管水准器、测斜刻度盘、测斜盘、磁针制动螺丝、刻度盘校正螺丝等组成部分。

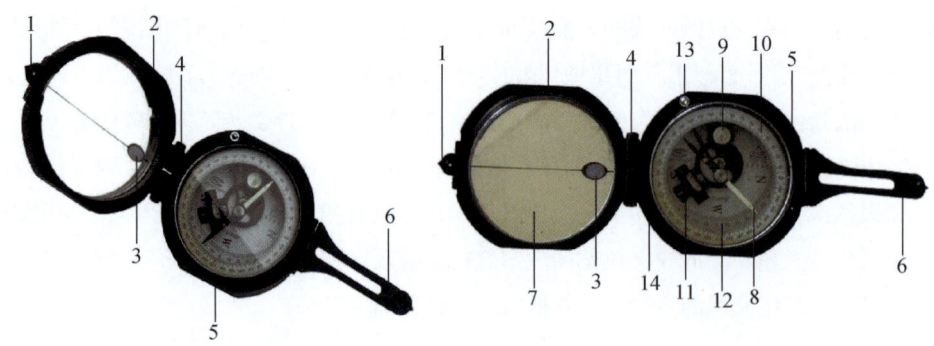

图 4.23　DQY–1 地质罗盘仪结构图

1. 短觇板；2. 上盖；3. 反光镜椭圆孔；4. 连接合页；5. 罗盘外壳；6. 长觇板；7. 反光镜及分划线；8. 磁针；9. 圆水准器；10. 刻度盘；11. 管水准器；12. 测斜刻度盘；13. 磁针制动螺丝；14. 刻度盘校正螺丝

反光镜在罗盘上盖内，反光镜面上有一条分划线。磁针的两端分别指向地磁的南极和北极，指向北的一端（简称为北针）为白色，指向南的一端（简称为南针）为黑色。我国处在北半球，南针上缠有铜丝。铜丝可以适当增加南针的重量，使指针在水平上保持平衡。用于南半球的罗盘则相反，指北的一端绕铜丝。刻度盘为铝制的圆盘，被分为 360°，连接合页处为 180°。觇板、磁针、刻度盘配合使用可以用来测定目标物的方位。圆水准器用来使罗盘保持水平。管水准器与测斜盘连为一体，可通过转动外壳背面的小手柄来转动测斜盘，它与测斜刻度盘一起构成罗盘的测斜系统，可用来测量坡度角及倾角。磁针制动螺丝用来固定磁针便于读数，以及在罗盘不使用时固定磁针以减少磨损。刻度盘校正螺丝用于校正磁偏角。

2. 罗盘的校正

在使用罗盘前要进行磁偏角的校正。磁偏角是地磁南北极与地理南北极之间的夹角。地球上不同地区具有不同的磁偏角。磁针偏向于正北方的东边称为东偏，偏向于正北方的西边称为西偏。我国大部分地区为西偏，一般会在地质图上进行磁偏角的标注。根据地形图左下图廓外的标注，获取工作区的磁偏角，并使用罗盘自带的附件工具转动刻度盘进行校正。若磁偏角为西偏，使刻度盘逆时针旋转，若磁偏角为东偏，使刻度盘顺时针旋转，转动的度数为磁偏角的度数（图4.24）。

3. 罗盘的使用

野外地质工作中，罗盘常用来测量目标物的方位、山坡的坡度角和各种产状要素的走向、倾向和倾角。

1）方位测量

在野外工作中，可用罗盘测量河流、沟谷、山脊的延伸方位，在利用"后方交汇法"定点及进行地质剖面测量中导线方位的确定时，也要使用罗盘进行测量。

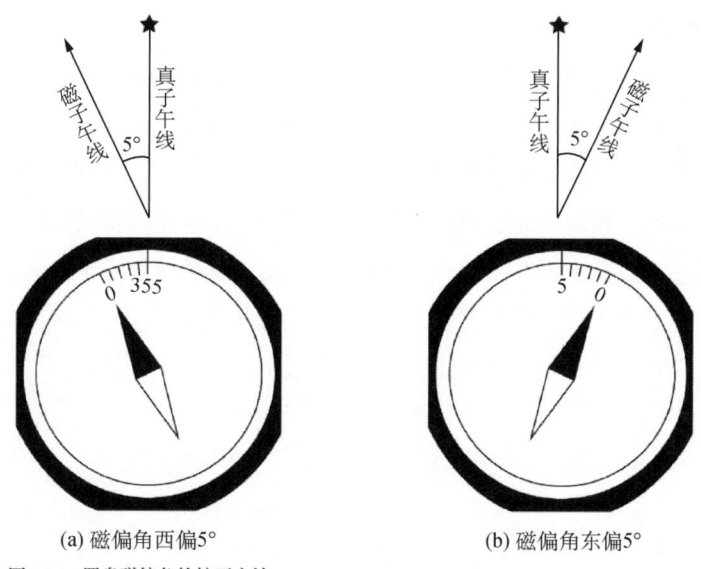

(a) 磁偏角西偏5°　　　　　　　　(b) 磁偏角东偏5°

图 4.24　罗盘磁偏角的校正方法

打开罗盘的上盖，放松磁针的制动螺丝，让磁针能自由转动。把罗盘放在胸前或腹部，将罗盘的长觇板对准目标物，转动罗盘，使目标物（图 4.25 中 B），长觇板映入反光镜，并使目标物、长觇板顶部的尖端落在反光镜的分划线上，同时使圆水泡居中，让罗盘呈水平状态（图 4.25）。当磁针停止摆动或左右摆动均匀，即可读出磁针所指示的方位角。读数时可使用制动螺丝固定磁针以便于读数。确定磁针读数时，若以测量者为已知点（图 4.25 中 A），确定目标物在测量者的什么方位，则读磁北针所指示的刻度盘方位角；若以目标物为已知点，确定测量者在目标物的什么方位，则读磁南针所指示的刻度盘方位角。在测量时，目标物高于测量者所在位置时，反光镜与罗盘平面的夹角大于90°，反之，目标物低于测量者所在位置时，反光镜与罗盘平面的夹角小于 90°。

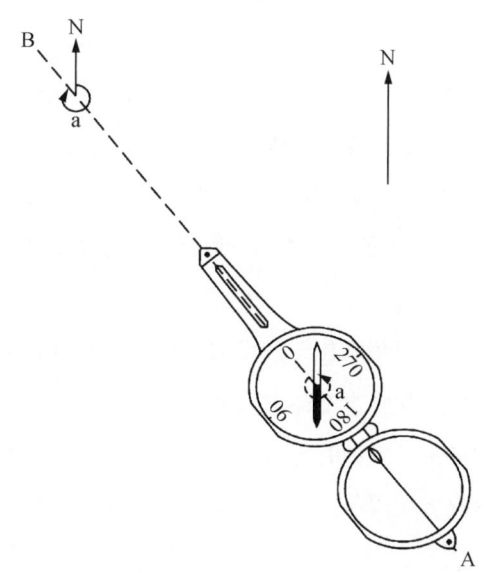

图 4.25　方位角的测量方法

野外地质工作基本方法和技能　第四章

2）地形坡度的测量

地形坡度是指地形的倾斜面（线）与水平面的夹角。其测量方法如图 4.26 所示：在坡顶或坡底各站一人，两人身高尽可能相当，或选择一等高的参照物比如标杆。站在坡底的人把罗盘侧立，使长觇板指向测量者，转动反光镜，以能观察到罗盘刻度为准，将长觇板顶端的小觇板折成 90°，视线从小觇板的小孔或尖端通过，再经反光镜的椭圆孔，直达坡顶人的头顶或参照物（标杆）的顶端；保持这种状态，从反光镜中观察管水准器的气泡，同时调节罗盘底面的手柄直至气泡居中，这时测斜盘上的游标所指示的测斜刻度盘上的读数即为坡度角。同样可用相似的方法，从坡顶向坡脚测坡度角。上坡时的坡度角用"＋"表示，下坡时的坡度角用"－"表示。

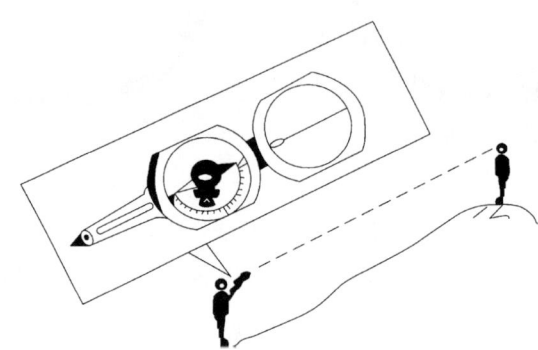

图 4.26　地形坡度的测量方法

3）面状产状要素的测量

产状要素包括走向、倾向和倾角。岩层产状的走向是岩层面与水平面交线的延伸方向，倾向与走向垂直，是岩层面上的倾斜线在水平面上投影线所指的方向，倾角是倾斜线与水平面的夹角。

走向的测量：如图 4.27 中 A 所示，打开罗盘的上盖至极限位置，将罗盘的长边靠在岩层面上，在保持罗盘长边不离开岩层面的情况下转动罗盘使圆水泡居中，当磁针停止摆动时，磁针所指的刻度盘的读数即为岩层的走向。

倾向的测量：打开罗盘的上盖，如图 4.27 中 B 所示，将罗盘南部（标有 S）的一条棱或罗盘上盖背面紧靠岩层面，使棱线与岩层走向线重合或罗盘上盖背面与岩层面平行，转动罗盘使圆水泡居中，此时长觇板的指向与岩层的倾向一致。图 4.27 中 B 所示为在岩层面上方测倾向，倾向应读磁北针所指的刻度盘上的度数；若在岩层面的下方测倾向时，应读磁南针所指的刻度盘的度数，俗称"上北下南"。

倾角的测量：罗盘的上盖打开至极限位置，呈侧立状态使罗盘的长边靠在岩层面上，如图 4.27 中 C 所示。转动罗盘底面的手柄，使管水准器的气泡居中，这时测斜盘上的游标所指的测斜刻度盘上的读数即为倾角。在实际测量中，罗盘的长边常常做不到与真倾斜线相重合，测出来的倾角并非真倾角，而是假倾角。通常情况下真倾角比假倾角大，为了减小误差，可以多测几个倾角，取其最大值。

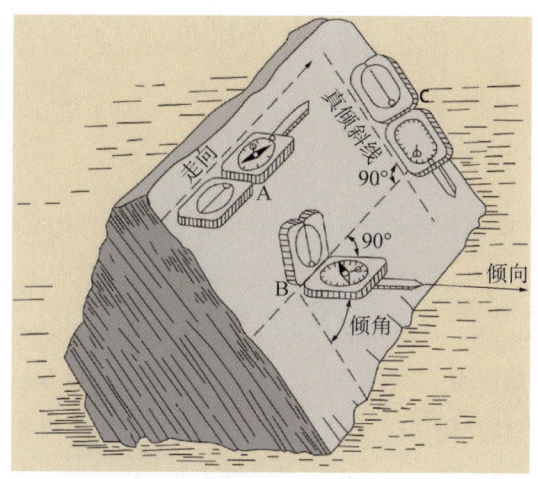

图 4.27 岩层产状要素的测量方法

在野外，岩层表面常常凹凸不平或不完整，这时可用野外记录簿放在岩层面上或作延伸的岩层面，再进行产状的测量。其他面状产状如断层、节理、劈理、片理和糜棱面理等的产状要素的测量可用相同的方法进行。产状要素测量完成后，应及时作记录。如果岩层的产状要素为走向30°，倾向120°，倾角45°，可以记录为"SE120°∠45°"。

二、放大镜的使用方法

放大镜是用来观察物体微小细节的简单目视光学器件，是焦距比眼的明视距离小得多的会聚透镜（图4.28）。地质工作用放大镜一般为10倍和20倍。观察时右手持放大镜，令其紧靠眼睛，并把观察对象放在它的焦距以内，同时使镜头与视线平行，左手持被观察物体对着光慢慢靠近镜头，找到最适合的距离进行观察。

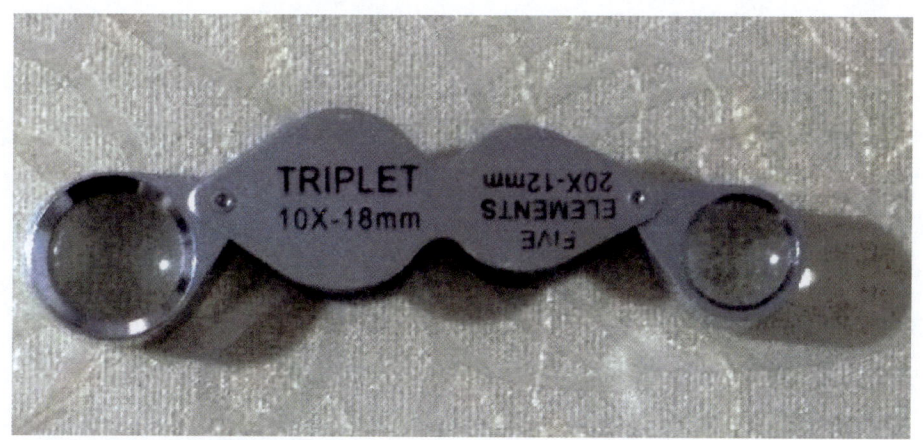

图 4.28 地质野外工作用放大镜

第六节　野外地质定点

一条野外路线由一系列地质观察点组成，获得观察点的坐标并把它标注在地形图上的过程叫定点。定点主要有下列方法。

在小比例尺填图或对精度要求不高的情况下，可以根据地形、地物使用目估法定点，又称微地貌法、地形地物法。这种方法快速、简便。定点时，先用罗盘将地形图定向，具体做法为：将罗盘放在地形图上，并使其长边靠着地形图东边边框，然后整体转动地形图和罗盘，直至指北针对准刻度盘的 0°，使地形图与实地方向保持一致。定向后，观察所定点周围的微地貌，在地形图上找到对应的地形和地物（如山顶、沟谷、山脊和河流拐弯处等），根据它们与观察点的相对位置关系，将观察点标绘在图上。

当精度要求较高时，则一般用后方交会法进行定点。首先使地形图定向，然后在观察点附近找三个容易用罗盘瞄准且不在一条直线上的参照点。参照点彼此之间的交角尽量大，并且在地形图上已知。用罗盘分别测出观察点在这三个点的方位角。读数的时候，如果罗盘的舰板同样对着所选定的已知点，此时罗盘南针的读数即为观察点（测者所在的位置）位于已知点的方位角。在地形图上准确确定三个点的位置，根据罗盘测得的方位角，用量角器分别绘出通过三个已知点的三条测线，它们的交点即为观察点的位置。如三条测线不交于一点而是交成三角形，则测点位置应取误差三角形的中心点。

在当前的条件下，应该使用 GPS 定位仪获得定点的准确经纬度，并配合数字地形图进行精确定点。在野外，有时需用几种定点方法相互校正进行定点。

第七节　野外记录和路线剖面图

一、野外记录格式

野外地质记录是最原始、最基础、最宝贵的第一手地质资料，直接反映地质工作者的工作作风和工作态度，它的质量好坏直接关系到地质工作的成败。野外地质记录通常用专门的野外记录簿（可简称野簿，见附录3），野簿记录内容除了自己使用外，还作为野外调查的基础资料供他人查阅，是一个地区最原始的地质资料，正规地质项目常要求将野外记录簿作为原始资料进行归档保存。

野外记录要求记录认真、态度严谨、格式规范、术语准确、字迹清楚、内容详实。野外记录内容包括文字记录和图件记录，图件记录分为素描图绘制和信手剖面图的制作。

野外地质记录一般按天或路线进行，每天路线均要记录日期、星期几、天气情况、工作地点、路线及编号、目的任务、工作者。在路线记录时要有今日路线起讫点位置及起讫点到地质点之间的路线观察记录，再进入地质点内容记录。地质点记录一般要有点号、点位、点性（或点义）、点处及点两侧观察到的地质现象、地质产状、标本样品和照片等。地质路线记录应是连续的，点间描述一般要根据露头和岩性出露组合情况分段进行。性质不同的地质点其描述的内容会有所不同；产状、标本样品要有采集位置，记录产状时还要表明类型。路线号、点号、标本样品号、照片号等编号应做到统一、按顺序进行。每天路线结束后要对当天所观察到的地质现象进行小结，包括的内容大致有路线中岩石露头情况、各岩性组合情况、各地层出露分布情况及路线工作量（如路线长度、地质点个数和标本样品数量等），在小结中也可对各地质现象进行分析或推断。野外记录格式可参考表4.5。

野外记录还有以下特殊要求：

（1）文字记录必须在野外观察时完成，不能在室内想象或追忆记录。记录内容应与野外地质现象一致，必须是自己在野外观察到的地质现象。

（2）记录要认真，书写清晰，条理清楚，格式规范。

（3）只能用铅笔记录，不能用其他笔记录。铅笔要用2H或以上的型号。

（4）书写错误的地方可用铅笔划掉再改正，不可用橡皮擦除重写。上交野外记录簿时，页码要齐全，不允许撕掉废页，也不能有缺页情况出现。

（5）野外记录簿专供记录野外地质现象之用，除记录与地质有关的内容外，不得记录任何其他内容。

（6）野外记录簿用毕或在工作结束后，需整理（如编写目录，自检、互检等）上交所在单位或主管部门保管，不可遗失。如有遗失必须立即向上级报告。

（7）产状要素和标本的记录要另起一行，并用统一符号表示，如面状地质要素产状表示为：125°∠55°（倾向∠倾角）。

（8）野外工作一天结束后，要及时进行整理。对点号、点位、产状及所有的数据均要上墨。

（9）采集的岩石样品需涂上白色油漆，面积大小以写得下样品编号为准，并在油漆干后立即写下样品的编号。

表 4.5　野外记录格式参考表

	2022　年　7　月　10　日　　　星期　日　　　天气　　　　　地点：	
路线 1	基地—西山徐石山—马石山—基地	
任务	观察长兴组、青龙组的岩性组合特征等	
人员分工	刘绿水：记录；张青山：掌图	
	D001	
点位	GPS 定出的经纬度和海拔；根据明显的地形、地物定点	
点性	界线点（Tq/Pc）、岩性控制点、构造点等	
出露	自然露头、人工露头等	
描述		
点东	为青龙组（Tq）泥灰岩、钙质泥岩	
	具体岩性描述：颜色、结构、构造（层系厚度）、矿物成分及含量等	
	产状：	
	样品编号（如采集的是岩石薄片，D001b）	
	照相及编号（点号 + 数码底片的原始编号）	
点西	为长兴组（Pc）微晶灰岩、灰质白云岩	
	具体岩性描述：颜色、结构、构造（层系厚度）、矿物成分及含量等	
	产状：	
	样品编号（如采集的是岩石薄片，D001b）	
接触关系	整合、平行不整合、断层接触等。如遇覆盖，接触关系可推测	
	照相及编号（点号 + 数码底片的原始编号），针对接触关系	
沿途	距点 D001 多少度方向多少米处见某某地质现象	
	距点 D001 多少度方向多少米处见某某地质现象	
	D002、D003、D004……定第二个点应另一页开始	
	今日路线到此结束	

(续表)

	路线小结另起一页 (当一天的填图路线（考察路线）结束后要进行小结——	
工作量	路线长度、地质点数量、填图面积、样品数量、照相数量等	
	本路线的综合内容	
新认识	对本路线所考察的岩石、地层、构造、接触关系等的新认识	
存在问题	提出问题并给出下一步工作建议	

二、地质路线剖面图的绘制

地质路线剖面图是沿着穿越的地质路线，根据地面出露的地层及其产状勾画出的地质体在地表以下一定深度的空间展布状况，有一定的推测成分，但应尽可能反映实际情况。它是了解某地区地质构造特征，特别是了解岩层在地下深处的延展、分布情况和构造特点必不可少的图件。地质路线剖面图基本制作方法遵循以下步骤。

（1）剖面线（基线）穿越路线。

（2）根据实际剖面的长度，选取适当的比例尺，以便绘出的剖面图不至于过长或过短，同时又能满足表示各种地质内容的需要，使图面美观。

（3）根据所持的地形图，按穿越路线方位和比例尺勾绘地形轮廓（地形线），可根据地形图上等高线和剖面线的交点分别按高程及水平距离投影到方格纸（野外记录薄的左页）上，页面不够可换下页。然后把各相邻点按地形实际情况连接起来，即成地形线（地形剖面线）。

（4）将地层、岩体、断层等地质体的地质界线与地形线的交点投在地形剖面线（地形线）上，根据地质体的产状确定交点在地形线下的延伸方向，并确定各对应地质体在地形线下的空间状态。地层的分层线相对较短（1.5 cm），地层单元分界线（比如岩性组，3 cm）。

（5）用各种相应的花纹和代号充填各项地质体内容。

（6）标出图名、图例和比例尺。

（7）给每个地质点标上方位。

（8）在剖面轮廓线的上方标注剖面方向（标在每个点位上）、点号、样品位置、编号与制高点名称（没有名称的标上高程数据）；在剖面轮廓线的下方标注产状和地层（或地质体）代号等。

作图时一般用铅笔绘制，对野外记录薄进行整理时，再进行上墨整饰。路线剖面图示例见图 4.29。

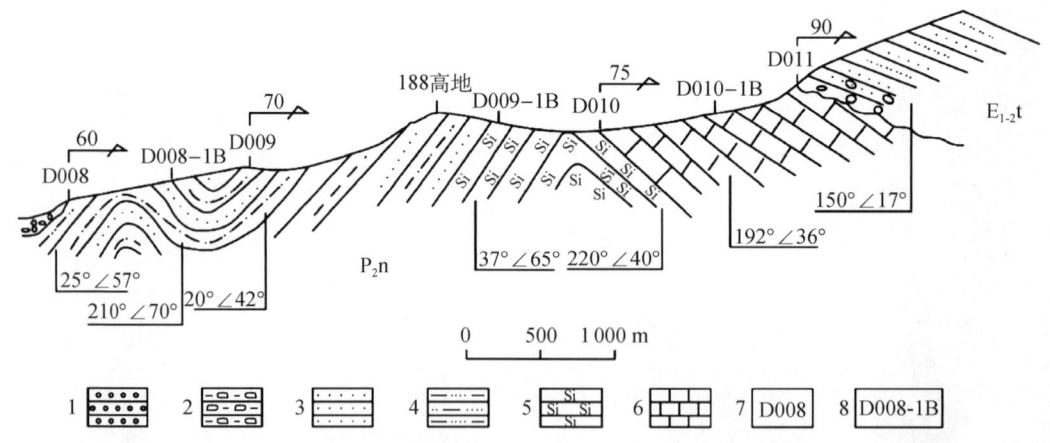

图 4.29 路线剖面示意图

第八节　信手平面和剖面图的测制及室内资料整理

信手剖面图绘制在野外记录簿上的厘米页上，包括平面图和剖面图，以便在室内整理时参考。

一、信手平面图的绘制方法

在野外用罗盘确定剖面的总方位，以野簿厘米页上的横线作为信手剖面的总方位线，在其上方标明北（N）或方位线的方向。在厘米页上确定剖面的起始点位。一般情况下，野簿厘米页的右端为东或南，左端为西或北。如剖面的总方向为 NW310°，则在厘米页上将 130°方向放于右方，而 310°方向放于左方，这样有利于与地形图相对应。

在野簿厘米页确定剖面起点，根据第一条导线的水平距（水平距 $D=L\cos\beta$，L 为导线长度，β 为坡角）和坡度角画出第一条导线；以第一条导线的终点作为第二条导线的起点，按照前面的方法画出第二条导线；依此方法画出所有的导线，并将导线编号，标记在相邻导线的交接处。在各导线上，按照分层水平距截取各分层位置，每分层段内标好分层号。在适当位置标记产状符号、岩石标本和古生物化石采集部位等。层号最好用圆圈圈起，标于分层段的中间，数字大小一致。分层界线及产状符号线的长短要统一规格。如果相邻导线不连续，中间存在大距离平移，则可不按比例尺作图，只需标注平移距离和平移方向（图 4.30）。

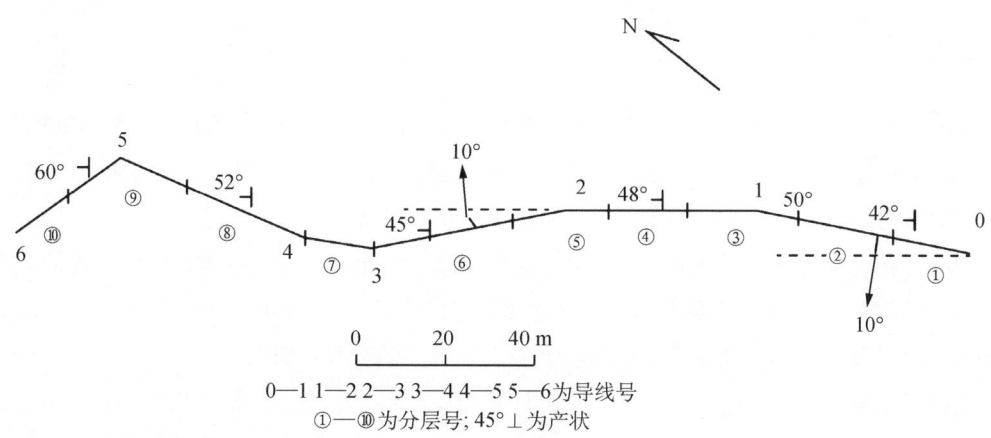

图 4.30　野外信手平面示意图

二、信手剖面图的绘制方法

在野簿厘米页上信手平面图的下方适当位置绘制野外信手剖面图。此时厘米页的横线即为水平线，竖线为标高（按作图比例尺）。

在厘米页上确定剖面起点，自起点根据第一条导线的地形坡度角和长度（斜距）画出第一条导线；以第一条导线的终点作为第二条导线的起点，根据地形坡度角和第二条导线长度画出第二条导线；依此方法画出所有的导线，形成信手剖面的地表地形线，在每根导线起点均标上方位角。根据各个地层在导线上的具体出露位置确定它们在地表地形线上的位置，按照实际产状，在剖面地形线下方依次画出每个地质体（地层、岩体），并填充岩性花纹符号，标明产状和地层时代（图4.31）。

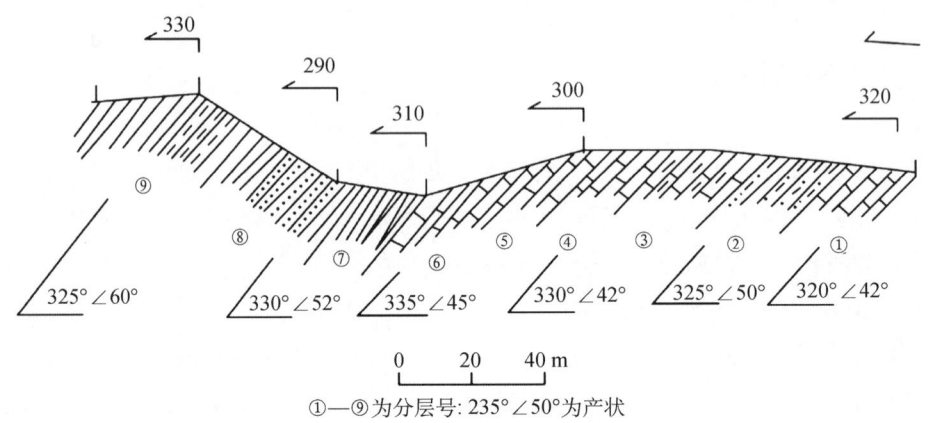

图4.31 野外信手剖面示意图

信手剖面图和实际的剖面图之间存在误差。比如，当剖面线与岩层走向斜交时，剖面上的产状不应是实际倾角，而应是各导线方向上的视倾角。但在实际工作中，信手剖面图由于方便阅读和资料整理而被广泛采用。

三、室内资料整理

本书以认知实习为主要目的，对带有生产任务的实测剖面图和地层柱状图的绘制不做详细介绍。感兴趣的读者可以参考公开出版的地质图和地质报告了解详细方法，比如前文提到的1∶5万地质图煤山镇幅（H50E006023）和长兴县幅（H50E006024）（张克信等，2005）。

室内资料整理包括核对野外记录、信手平面图和信手剖面图、岩石标本和岩性描述记录等，保证资料完整、准确，如果出现遗漏和错误，应立即补充和更正。对采集的化石、岩石及矿石标本要校核野外地名和地层时代，需要送出薄片鉴定及化学分析样品的要及时送出。

涉及野簿记录表格内空白项，应在室内经计算或查表将其填全。比如导线水平距$D=L\cos\beta$（L为导线长度；β为坡度角），高差$H=L\sin\beta$；剖面方向线上的视倾角可根据剖面方向与岩层走向夹角来计算或查表获得（野外记录本后附表），或者用赤平投影方法计算。

岩层厚度是指岩层顶和底面之间的垂直距离，即岩层的真厚度。在室内计算中，往往利用岩层的出露宽度（分层斜距L）、地形坡度（β）、岩层产状（α为岩层倾向）等数据求出岩层的真厚度（H）。

倾斜岩层厚度计算方法有下列七种情况（刘见宝等，2021）：

（1）地面水平（$\beta\approx0$），导线方向垂直岩层走向，$H_i=L\times\sin\alpha$。

（2）地形坡向与岩层倾向相反，导线方向垂直岩层走向，$H=L\sin(\alpha+\beta)$。

（3）坡向与倾向一致，$\alpha < \beta$，导线方向垂直岩层走向，$H=L\sin(\beta-\alpha)$。

（4）坡向与倾向一致，而 $\alpha > \beta$，导线方向垂直岩层走向，$H=L\sin(\alpha-\beta)$。

（5）坡向与倾向相反，导线方向斜交岩层走向，$H=L(\sin\alpha\cos\beta\sin\gamma + \sin\beta\cos\alpha)$；$\gamma$ 为导线方位与岩层走向之间夹角。

（6）坡向与倾向一致，而 $\alpha > \beta$ 时，导线方向斜交岩层走向，$H=L(\sin\alpha\cos\beta\sin\gamma - \sin\beta\cos\alpha)$。

（7）坡向与倾向一致，而 $\alpha < \beta$ 时，导线方向斜交岩层走向，$H=L(\sin\beta\cos\alpha - \sin\alpha\cos\beta\sin\gamma)$。

第九节　野外地质素描图

尽管我们已经进入数字化时代，掌握地质素描技巧对我们获取第一手野外地质资料仍然相当重要，是对地质工作者的基本要求。素描图展现地质实体的空间形态及相互关系，如地貌景观、地质构造及岩石矿物等内容，有时比文字表述更清楚、更直接。素描图没有尺度大小的限制，可以是火山口地貌、冰蚀地形和河谷阶地，也可是一块标本或一个野外露头上的沉积构造、变形构造等。地质素描图与一般的写生不同，不需要将物体的所有要素一点不漏地画出来，而是根据工作目的，有取舍地表达最有价值的地质现象。

一张完整的素描图应包括图名、比例尺、图例、绘图方位和地质内容。绘制素描图时，可以用写生手法直观地反映野外地质现象（图 4.32），也可以用岩性花纹、形态界线抽象地反映所观察到的各种地质现象，这样的素描图也可以叫做示意图，和信手剖面示意图类似（图 4.29、图 4.31）。有几种常用的地质素描图。

接触界线见图左侧的斜虚线。Z_1，早震旦世；Pt，元古宙

图 4.32　××航标站不整合接触关系图

（1）剖面素描。在穿越主要地质路线时勾绘地质信手剖面，以反映所观察到的各种地质现象，如地层、构造、侵入岩形态及穿插关系等。除了信手剖面图要表达的地质内容，剖面素描图应勾勒出地貌形态特征，和不同高程上的地质现象。

（2）地景素描。主要是对地貌景观的大视域描绘，用来反映地质作用或特有的地形地貌特征。描绘时要进行块面勾绘，应用透视原理及恰当的线条反映出明暗和地形陡缓变化。

（3）具有代表意义的地质现象素描。此类型的素描图常用于露头素描，采用精细的描绘手法，将其地质构造特征逼真地反映出来，也可称作特写（图 4.33）。

素描图也应包括图名、比例尺、方位、主要地名、地质产状要素、地质代号、作者和日期等要素。

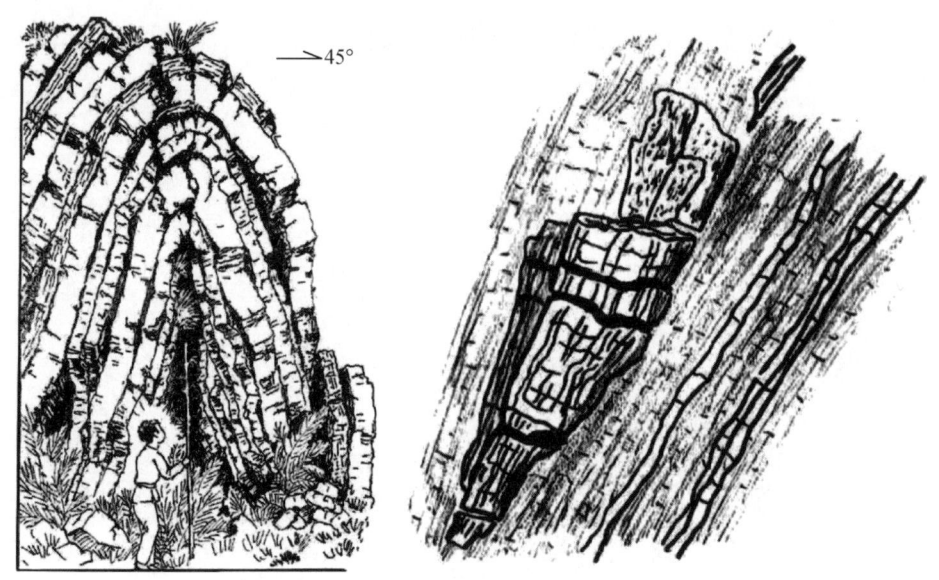

图 4.33 直立褶皱（左）和硅化木（右）素描图

第十节 地质标本采集

采集地质标本是野外地质工作一项重要的内容。根据用途可分为地层标本、岩石标本、化石标本、矿物标本、矿石标本和构造标本等。常用的地层和岩石标本，大小有一定的规格要求，一般是 3 cm×6 cm×9 cm，并且要有 2 个以上新鲜面。用作元素和同位素分析或其他特定分析的样品，大小满足测试分析精度就可以，一般只要求新鲜，没有受到后期风化作用改造。化石标本力求完整，并要用棉花妥善包装，避免破损。标本采集后应立即编号并进行描述和记录，在地形图上标出产地的位置。标本的保存要做到避免污染。应在标本的一定位置涂上油漆，按要求写上编号，并进行标本登记，登记内容包括：岩石名称、用途、采集位置、时代（地层时代）、采集时间和采集者等。

第十一节　矿物和常见岩石的野外鉴定

一、矿物的野外鉴定

本书只介绍野外常见矿物和岩石的识别方法（表4.6）。

表4.6　常见矿物鉴定特征

矿物	硬度	颜色	比重	光泽和形态	备注
石英	7	无色、白、黄、淡红、紫、烟	2.6	油脂光泽，六方柱、六方锥	
钾长石（正长石）	6	红或绿	2.6	玻璃光泽	
钠长石（斜长正）	6	白、灰、淡红有时呈彩色	2.6~2.7	珍珠光泽 造岩矿物	
黑云母	2.5	褐、黑、绿	3.0	不规则叶片状或六边形	具挠性和弹性的解理
金云母	2.5~3	褐或绿	2.8	六边形薄片状或不规则片状	解理面晕色
白云母	2~2.5	无色或淡褐	2.8	堆积成书页状的六边形薄片	无磁性，薄片具弹性
丝光白云母	2~2.5	金黄或茶绿	2.8	六边形薄片或块状小晶体	
角闪石类	5~6	白、绿、黑	3.0~3.3	玻璃光泽，细长柱状晶体	透闪石：白色 阳起石：绿色 角闪石：绿至黑色
辉石类	5~6	白、绿、黑	3.1~3.5	玻璃光泽，短柱状晶体和块状	透辉石：白色 辉石：绿或黑色
方解石	3	无色、白、淡黄	2.7	玻璃光泽，结晶质、粒状或鱼子状	滴稀盐酸起泡，菱面解理极发育
文石	3.5~4	无色至白色	2.9	玻璃光泽，有时呈放射状晶群	滴稀盐酸起泡

(续表)

矿物	硬度	颜色	比重	光泽和形态	备注
白云石	3.5~4	无色、白、雪白、淡红	2.8	菱面体晶体，晶面呈弯曲状	加稀盐酸不起泡，热盐酸起泡
石膏	2	无色、白或淡红	2.3	粒状或双晶	
硬石膏	3~3.5	无色、白、淡蓝	2.9	粒状解理块状物	和石膏共生
高岭石	2.5	白	2.6	土状	呈致密和黏土状
石榴子石	6.5~7.5	红、褐、黄、绿、黑、无色	3.1~4.3	玻璃光泽，十二面晶体	
橄榄石	6.5~7.0	橄榄绿、黄绿、金黄绿或祖母绿色	3.27~3.48	常呈短柱状，集合体多为不规则粒状	常在基性、超基性岩中产出
红柱石	7.5	白、灰、绿中带红	3.2	玻璃光泽，方形柱状	横断面三角形，晶面上具纵纹。横切面形成白色十字形状者谓空晶石
绿柱石	7~7.5	蓝绿、黄、无色、淡红	2.7	玻璃光泽，六方柱状晶体并具垂直沟纹	
电气石	7~7.5	褐、蓝绿、淡红、黑	3.0~3.1	玻璃光泽，具条纹的柱状晶体	
绿帘石	6~7	黄、绿至黑绿	3.4	玻璃光泽，具条纹的细长柱状晶体	
蓝晶石	5~7	蓝、中心部分颜色更深	3.6	珍珠光泽，刃状	硬度有两种：顺晶体长度小于6.5，横晶体面大于6.5
蛇纹石	3.5~5	白色到任何颜色	2.6	油脂光泽，块状或纤维状	和基性火成岩共生
赤铁矿	1~1.5	红-钢灰色	5.2	土状	条痕樱红，常呈镜子状亮面
褐铁矿	5~5.5	黄褐	3.6~4.0	钟乳状、纤维状、乳房状	条痕黄褐，土状时则呈黄赭色
磁铁矿	6	黑	5.2	八面体或粒状	条痕黑色，强磁性
黄铁矿	6.5	淡黄铜色	5.0	立方体、八面体或块状	条痕黑色，晶面有条纹
黄铜矿	3.5	黄铜色	4.2	块状	条痕黑色，常和黄铁矿、斑铜矿、辉铜矿、钨锰铁矿及孔雀石共生
软锰矿	2~2.5	黑	4.7	放射状或纤维状	条痕黑色，染污手指
硬锰矿	5~6	黑	3.4~4.7	块状、葡萄状及钟乳状	条痕褐色至黑色，在HCl中放出Cl_2气体
方铅矿	2.5	黑灰	7.6	立方形晶体或块状	条痕黑色
闪锌矿	3.5~4	淡褐至黑色	4.1	四面体，立方体或粒状	条痕淡褐至黑色，时呈树脂光泽

二、常见岩石野外鉴定

在野外用肉眼对岩石进行分类和鉴定，要充分考虑其产状，抓住岩石的结构、构造、矿物组成等特征。

1. 区分岩浆岩、沉积岩和变质岩

1）岩浆岩的一般特征

（1）岩浆岩大部分为块状的结晶岩石，部分为玻璃质结构岩石。

（2）岩浆岩具有特定的结构和构造，如气孔、杏仁及流纹等构造。

（3）岩浆岩无层理。

（4）岩浆岩体中常含有围岩的碎块，这些围岩捕虏体常见热变质现象。

（5）岩浆岩中缺乏生物遗迹。

2）沉积岩的一般特征

（1）层理构造显著，层面有时出现波痕。

（2）常含生物遗迹或痕迹，也就是常说的化石。

（3）有的具有泥裂、孔隙、结核等。

（4）化学沉积形成的沉积岩，层与层之间常含缝合线。

常见的沉积岩有砾岩、砂岩、粉砂岩、黏土岩、铁锰铝磷沉积岩、石灰岩、生物灰岩和白云岩等。

3）变质岩的一般特征

变质岩最主要的特征有两点：一是岩石重结晶明显；二是岩石具有一定的结构和构造，特别是在一定压力下矿物重结晶形成的片理构造。

变质岩和岩浆岩都具结晶结构，但变质岩往往具有典型的变质矿物，且有些具有片理构造，而岩浆岩则没有。变质岩和沉积岩相比，区别更加明显，沉积岩常具层理构造，含有生物化石，而变质岩则没有。此外，沉积岩中除了化学岩和生物化学岩外，一般不具结晶粒状结构，而变质岩则大部分是重结晶的岩石，只是结晶程度有所不同。

常见的变质岩包括板岩、千枚岩、片岩、片麻岩、角闪岩、麻粒岩、榴辉岩、大理岩、石英岩、蛇纹岩、角岩和混合岩等。

2. 从岩石的结构、构造、矿物组分等观察分析

观察岩石的构造，因为构造反映岩石的成因类型。如果具有气孔、杏仁或流纹构造形态时，一定属于火成岩的喷出岩类；如果具有层理构造和层面构造时，应该是沉积岩类；如果具有板状、千枚状、片状或片麻状构造时，应属于变质岩类。

在对岩石结构深入观察的基础上对岩石进一步分类。如火成岩中的深成侵入岩类多呈全晶质、显晶质和等粒状结构，而浅成侵入岩类则常呈斑状结晶结构。沉积岩中碎屑岩、黏土岩和生物化学岩（如砾岩、砂岩、页岩和石灰岩等）的区分，则主要根据组成物质颗粒的大小，成分及其胶结方式。

室内对岩石进行准确命名可以依据岩石的矿物组成和化学成分分析，对火成岩的命名尤其重要。如斑岩和玢岩，同属火成岩中的浅成岩类，其主要区别在于矿物成份。斑岩中的斑晶矿物主要是正长石和石英，玢岩中的斑晶矿物主要是斜长石和黑色矿物。沉积岩中的次生矿物如方解石、白云石、高岭石、石膏和褐铁矿等不可能存在于新鲜的火成岩中。变质矿物如绿泥石、滑石、石棉、石榴子石和红柱石等，则为变质岩所特有。

3. 依据颜色和简单的试验进行判断

在肉眼鉴定岩石标本时，常常有许多矿物成分难于辨认。如具隐晶质结构或玻璃质结构的火成岩，泥质或化学结构的沉积岩，以及部分变质岩，一般只能根据颜色深浅、硬度、比重大小和"盐酸反应"等手段进行初步判断。火成岩中以深色成分为主的常为基性岩类，而以浅色成份为主的常为酸性岩类。沉积岩中较坚硬的多为硅质胶结或硅质成分的岩石，比重大的为含铁质多的岩石，在"盐酸反应"中冒泡的一定是碳酸盐类岩石等。

三、实例分析

表 4.7 展示了石灰岩与白云岩野外鉴别的要点。

表 4.7　石灰岩与白云岩的野外鉴别

特　征		岩　石	
		白云岩	石灰岩
岩石结构特征	颜色	白色、浅灰及淡红色	浅灰、灰白色，有时灰、深灰至黑色
	结构	等粒晶质，自形、半自形，镶嵌–半镶嵌结构	不等粒，主要为微粒–隐粒的晶质，它形结构
	化石	少见化石，一般为珊瑚及叠层石	常见多种化石及其碎屑，如贝壳、腕足类等
	理性质	比重 2.87，硬度 3.5~4，断口齐整，少有贝壳状	比重 2.5~2.8，硬度 3，断口常为贝壳状
	构造	可见纹层构造，缝合线构造不发育	可见纹层构造，缝合线构造比较发育

(续表)

特　征		岩　石	
		白云岩	石灰岩
岩石产出特征	形态	层状，可见犬牙状穿层产状	层状，一般不具穿层产状
	共生矿物	可见重晶石、萤石、方铅矿、闪锌矿	不含重晶石、萤石、方铅矿、闪锌矿
	层位	常在海侵相的最顶部	常在海侵相的稍下部，即碳酸盐岩石的下部岩相
岩石风化作用特征	表面性质 颜色	黑色－深灰色，浅－灰白色少见	灰白－浅灰色，黑色－深灰色少见
	表面性质 平整性	极不平整，刀砍纹发育	一般较平滑，层面常呈波状起伏，可见凹坑
	表面性质 风化强度	较弱	较强
	节理	极发育，多方向，节理面不平滑	相比白云岩较弱。一般节理面平滑些
	节理裂隙填充物	极少填充，在岩脚下往往堆积许多棱角状岩石碎块	极易被表生方解石填充，剥落不显著
与稀HCl（10%）反应		不起泡（粉末起泡）	极易起泡

第十二节　实习报告的编写

实习报告包括路线回放和问题聚焦两部分内容。

路线回放可以将实习内容相近的地质路线合并，在描述地质路线内容时以自己的观察为主，从点到线再到面，展现实习路线上的地层、岩浆活动和构造运动等方面的特征。文字内容应该以自己的野簿记录为基础，并结合参考文献进行适度扩展，将自己的点位记录、素描图、各种信手平面和信手剖面图以及野外拍摄的照片、采集的标本信息，按照一定的逻辑顺序如实反映在实习报告中。

问题聚焦需要同学们针对自己选定的实习路线，在充分分析路线地质内容的基础上梳理出相关科学问题。比如，以内力地质和外力地质作用的特点及演化为线索，探讨实习区的海侵过程、浪控与潮控三角洲的区别、构造演化史与成矿作用以及构造作用于地形地貌的关系等，再比如，探讨实习区最典型的"太湖石"的形成原因。

野外地质调查是科研的重要内容，实习报告应遵循科研论文的格式，包括题目、作者、作者通讯方式、关键词、中英文摘要、正文、致谢和参考文献。

实习报告中出现的各种地质图件常用的岩性花纹、符号和代号应该遵循国家标准，如现行国家标准《区域地质图图例》(GB/T 958—2015)。主要包括两种，即图例和代码，根据 GB/T 958—2015，图例指地质图上点、线、面状要素表示地质属性符号或代号的总称，是图上用符号、代号、图案及花纹、色彩所表示特征、表示方法的释义和说明；而代码指一组由字符、符号或信号码元以离散形式表示信息的明确的规则体系。每个图例只代表一种地质内容，保证其地质含义的唯一性。此外，表示岩石和矿物的图例，无论采用单色或多色，图例所表示的符号与花纹的地质属性含义不变。

参考文献

陈月秋. 太湖成因的新认识[J]. 地理学报, 1986, 41(1): 23–31.

程裕祺, 1994. 中国地质[M]. 北京: 地质出版社.

地质矿产部《地质辞典》办公室编辑, 1983. 地质辞典（一）上册[M]. 北京: 地质出版社.

地质矿产部《地质辞典》办公室编辑, 1983. 地质辞典（一）下册[M]. 北京: 地质出版社.

地质矿产部《地质辞典》办公室编辑, 1983. 地质辞典（二）[M]. 北京: 地质出版社.

地质矿产部书刊编辑室编辑, 1983. 区域地质矿产调查工作图式图例[M]. 北京: 地质出版社.

丁文江, 汪胡桢, 1936. 太湖之构成与退化[J]. 水利月刊, 11(6): 10.

国家测绘局测绘标准化研究所, 1992. 国家基本比例尺地形图分幅和编号: GB/T 13989—92[S]. 北京: 中国标准出版社.

国家测绘局测绘标准化研究所, 2017. 国家基本比例尺地图图式 第1部分: 1∶500 1∶1 000 1∶2 000地形图图式: GB/T 20257.1—2017[S]. 北京: 中国标准出版社.

江苏省地质矿产局, 1984. 江苏省及上海市区域地质志[M]. 北京: 地质出版社.

江苏省地质矿产局, 1997. 江苏省岩石地层[M]. 武汉: 中国地质大学出版社.

蒋炳兴, 1989. 太湖的演变史[J]. 海洋湖沼通报, 1: 20–26.

刘见宝, 等, 2021. 岩层真厚度计算公式的图解分析[J]. 河南科技, 40(16): 141–143.

邵家骥, 等, 2007. 江苏南部常熟虞山下蜀土成因探讨[J]. 江苏地质, 31(4): 305–309.

王鹤年, 等, 2009. 太湖冲击坑溅射物的发现及其意义[J]. 高校地质学报, 15(4): 437–444.

张克信, 等, 2005. 中华人民共和国区域地质调查报告煤山镇幅H50E006023长兴县幅H50E006024[M]. 武汉: 中国地质大学出版社.

中国地质调查局发展研究中心, 2015. 区域地质图图例: GB/T 958—2015[S]. 北京: 中国标准出版社.

中国科学院南京地质古生物研究所, 1987. 中国各系界线地层及古生物二叠系与三叠系界线（一）[M]. 南京: 南京大学出版社.

邹松梅, 等, 2007. 建立江苏常熟虞山地质公园的可行性研究[J]. 江苏地质, 31(4): 5.

附录1 苏州西山地区综合地层柱状剖面图[1]

地质时代			年代地层单位			生物地层单位或主要化石		岩石地层单位	代号	厚度(m)	主要岩性		沉积环境	矿产
纪	世		系	统							丘陵区	平原区		
第四纪	全新世		第四系	全新统		有孔虫：Ammonia tepida、Elphidiella kiangsuensis、Elphidium incertum、Cibrononian porisuturalis；新介形虫：Sinocytheridea lotiovata Aurila uranouehlensis；双壳类：Barbatia cf. parallegramma Osrea sp.		如东组	Qr	0–24		上部：褐黄色亚黏土、亚砂土，夹泥炭、淤泥；中部：青灰色淤泥质亚砂土、粉砂；下部：浅灰褐色亚砂土，含淤泥，局部为含砾亚黏土	河湖相、湖沼相、河口—滨海相	
	更新世			更新统		有孔虫：Elphidium limpidum、Ammonia tepida；介形虫：Loxoconcha sp.、Sinocytheridea impressa		滆湖组/下蜀组	Qg	11–48	上部：黄褐色粉质亚黏土、粉质轻黏土，夹砾石层；中部：青灰色含砾石层；下部：棕褐色、深灰色等含粒粉质亚黏土、含铁锰质结核	黄色、青灰色粉质轻黏土、淤泥质亚黏土、亚砂土、含铁锰质和钙质结核	河湖相、浅海—河湖相冲坡积相、湖积相	砖瓦黏土
						有孔虫：Ammonia tepida、A.beccarii、Elphidium hispidulum、E. incertum、Lagena substriata；介形虫：Sinocytheridea rotunda、Sinocythere sinensis；腹足类：Cerithidea cingutata；双壳类：Cabicula sp.		昆山组	Qx/Qk	1–12 / 6–38	未见动物化石	青灰、浅灰褐色粉质轻黏土、粉质亚黏土、淤泥质亚黏土、亚砂土	滨浅海相	
						有孔虫：Ammonia tepida、Elphidum incertum、E.hispidulum、E.excaratum、Piotelphidium glabrum；介形虫：Sinocytheridea latiorota、S.immpressa		柏山组/启东组	Qb/Qq	4–12 / 34–45	棕红色等网纹状粉质亚黏土、含砾亚黏土、轻黏土、含铁锰质结核，底部为灰褐色含砾石层；未见动物化石	上部：青灰、浅灰褐色粉质轻黏土；下部：浅灰绿色、青灰色粉质轻黏土、粉质亚黏土、粉砂	冲积—洪坡积相 河湖—潟湖相	
						哺乳动物：Stegodon sp.、Ursus angustiden、Meles sp.	介形虫：Ilyocypris bradyi、Candoniclla mirabilis、Cyprinotus chiuhsiensis；腹足类：Gyraulu sp.	海门组/元山洞穴堆积	yca/Qh	<1 / 19–35	黄色砾石层	上部：黄色、灰色等亚砂土、亚黏土；中部：灰、灰绿色亚黏土、细砂、亚黏土；下部：灰黄等杂色黏、亚黏土，含铁锰质结核	洞穴 河湖相	
第三纪	上新世 中新世		第三系	上新统 中新统				盐城组	Ny	223	泥岩、砂质泥岩、含砾泥岩、粉细砂岩为主，次为砂砾岩，局部含钙质		河湖相	
	渐新世 始新世 古新世			渐新统 始新统 古新统				阜宁组	Ef	89	杂色泥岩夹砂岩、含铁锰质和钙质结核，含石膏		湖泊相	
白垩纪	晚白垩世		白垩系	上统		双壳类：Pseudochyria cf. gobiensis		赤山组	Kc	>430	上部：砖红色粉砂岩夹含砾砂岩、角砾岩；下部：砖红色粉砂岩、棕黄等含砾粗砂岩、含砾石细砂岩		河湖相	
								浦口组	Kp	197	上部：棕色等粉砂岩为主夹角砾状安山岩、凝灰岩；下部：灰白色、砖红色砾岩		河湖相	
	早白垩世		白垩系	下统				葛村组	Kg	>312	砖红色砾岩、含砾砂岩、砂岩、泥岩		湖泊相	
侏罗纪	晚侏罗世		侏罗系	上统				黄尖组	Jh	>399	上部：灰色、褐色、肉红色安山岩及灰黄、灰紫色石英粗面岩；下部：紫灰、灰白色安山质晶屑凝灰岩		溢流相—爆发相	
								劳村组	Jl	>196	上部：赤红色砾岩、砂岩夹砂质泥岩；下部：杂色砂质泥岩、泥岩、凝灰岩、凝灰质砾岩		河湖相 溢流相	
三叠纪	早三叠世		三叠系	下统		牙形刺：Neospathodus homeri 带 Platyvillosus 带 Neospathodus diener 带 Achignathodus parvus 带	菊石与双壳类：Ophicersa—Clamia 带	青龙组	Tq	>534	上部：灰、肉红、灰紫色薄—中层泥晶粉屑灰岩、泥晶灰岩、鲕粒灰岩；中部：灰、灰黑、肉红色等薄层—中层泥晶灰岩、砂屑灰岩夹鲕粒灰岩及白云质灰岩、粉晶白云岩，含有石膏假晶；底部：深灰、青灰色泥岩、泥灰岩夹粉晶白云岩		局限台地—开阔台地—台地边缘浅滩	
二叠纪	晚二叠世		二叠系	上统		䗴：Palaeofusulina 带		长兴组	Pc	179	上部：褐灰—灰色、灰白色中层—巨厚层生物碎屑灰岩、微晶粉屑灰岩夹微晶白云质灰岩；下部：浅灰—灰带灰白色厚—巨厚层灰岩、微晶灰岩、细晶白云岩、粉细晶灰岩含燧石结核		浅海陆棚—潮上带	
						植物：Gigantepteris niotianaefolia—Lobatannularia multifolia 带 腕足：Spinomaginifera kueichowensis—Squamularia indica 组合	菊石：Konglingites sp.	龙潭组 上段	Pl[3]	245	上部：灰、深灰色泥岩、碳质页岩、粉砂岩，含煤；中部：灰、深灰色粉砂质泥岩、泥岩、长石石英砂岩，普通含菱铁矿结核；下部：深灰、灰黑色泥岩、粉砂质泥岩、粉砂岩、细砂岩、长石石英砂岩，含煤		滨海沼泽—滨浅海	

纪	世	统	组	段	代号	柱状图	厚度(m)	岩性描述	沉积相	矿产
二叠系	早二叠世	下统		下段	Pl¹		253	灰、深灰色泥岩、粉砂质泥岩、细砂岩、长石石英砂岩	滨海—滨岸相	
			孤峰组		Pg		25	灰黑色、土黄色硅质泥岩、炭质泥岩、燧石层夹泥灰岩、细粒长石石英砂岩，含磷质结核	浅海陆棚	
			栖霞组		Pq		>100	顶部：灰黑色薄层硅质泥岩，顶界为灰黑色中薄层粉晶灰岩；上部：浅灰—灰黑色微晶—细晶灰岩，含生物碎屑；中部：黑色薄层硅质岩与灰色泥晶灰岩组成韵律；下部：灰—黑色中厚层微晶灰岩、角砾状微晶灰岩	开阔台地—局限台地—海陆交互相	灰岩、煤
				碎屑岩含煤段	ms		0-3			
石炭系	晚石炭世	上统	船山组		Cc		>60	上部：灰—灰褐色厚层—巨厚层核形石微晶—微晶灰岩；下部：灰、深灰—灰黑色隐晶—微晶灰岩、灰黑色厚—巨厚层粗粒灰岩、球粒状灰岩	开阔台地—台地边缘浅滩—局限台地相	灰岩
			黄龙组		Ch		115	上部：浅灰—灰白色厚层生物碎屑微晶灰岩、白云质灰岩；下部：灰白色中厚层粗晶灰岩	正常浅海	灰岩
	早石炭世	下统	老虎洞组		Cl		22	浅灰—深灰色厚层粉晶白云岩、灰黄色硅质灰岩，含燧石英细砾石砂岩	潮上—潮间带	白云岩
泥盆系	晚泥盆世	上统	五通群	擂鼓台组	DCl		>33	上部：灰白色中细粒石英砂岩、褐黄色泥质粉砂岩，局部含泥砾；中部：杂色泥岩、含铁泥岩；下部：灰绿色中薄层细粒石英质砂岩	潟湖相潟湖相	陶土
				观山组	Dg		>33	灰白色厚层粗粒—细粒石英砂岩，下部为粗粒含砾石英砂岩	滨海—滨岸相	石英砂岩
志留系	中志留世	中统	茅山组		Sm		>482	紫红、灰紫、灰黄色中厚层中细粒含粉屑石英砂岩为主，局部为粗粒粉屑石英砂岩，含泥砾	河口三角洲相	陶土

古生物：
- 菊石：Neomisellina 带；Shouchangoceras sp.、Altudocenras sp.
- 腕足：Neoplicactifera huangi
- 珊瑚：Hayasakaia elegantula 带
- 蜓：Misellina claudae 带
- 珊瑚：Parawentzellop-hyllum 带、Chuanshamoph-yllum 带
- 蜓：Sphaeroschwage-rina 带、Triticites 带、Fusulina 带
- 蜓：Fusulinella-Beed-eina 带、Profusulinella 带
- 非蜓有孔虫：Bradyima—Palaeotextularia—limeammina组合、珊瑚：Lithostrotionella stylaxis 层孔虫：Chaetetes sp.
- 叶肢介：Lioestheria longtanensis
- 植物：Leptophloeum rhombicu
- 鱼类：Sinacanthus fancunensis

注：据江苏省地质局区域地质调查队测绘的苏州幅地质图改绘。

附录 2　地质图件常用的部分岩性花纹、符号及代号

岩石碎屑及有关粒级、花纹规格表

岩石粒级	火山碎屑岩		正常沉积碎屑岩		矽卡岩		糜棱岩		岩浆岩		岩石粒级
花纹规格 (mm)	粒级	花纹	粒级	花纹	粒级	花纹	粒级	花纹	粒级	花纹	花纹规格 (mm)
4	粗集块	⌒									
2.5			巨角砾	△	巨砾	○			巨粒	＋	4
2	细集块 粗火山角砾	⌒ △	粗角砾	△	粗砾	○	粗粒	⊙	粗粒	＋	3
1.5			中角砾	△	中砾	○	中粒	⊙	中粒	＋	2
1.0	细火山角砾	△	细角砾	△	细砾	○	细粒	⊙	细粒	＋	1.5
0.8	粗凝灰	•			粗砂	°	粗	•	粗斑	✚	3×0.5
0.6					中砂	°			中斑	✚	2×0.5
0.4	细凝灰	·			细砂	°	细	·	细斑	✚	1.5×0.5
0.25					粉砂	·					

注：1. 矽卡岩粒级、花纹以石榴石为例，岩浆岩粒级、花纹以花岗岩为例。岩浆岩粒级、花纹规格可根据岩体在地质图上面积的大小适当调整。
2. 沉积岩的粒度划分，野外工作一般按自然粒级标准，即＞2 mm 砾（砾石、角砾、卵石）、2~0.05 mm 砂、0.05~0.005 mm 粉砂（0.05~0.03 mm 粗粉砂、0.03~0.005 mm 细粉砂）、＜0.005 mm 泥来划分；而室内科学研究进行沉积岩粒度分析一般仍按φ值粒级标准划分（φ为以2为底的颗粒粒径对数的负值）。

一、各类主要岩石基本花纹

1. 松散堆积物
- 砂
- 砾
- 角砾
- 黏土
- 淤泥

2. 沉积岩
- 角砾岩
- 砾岩
- 砂岩
- 粉砂岩
- 页岩
- 黏土岩
- 灰岩（石灰岩）
- 白云岩
- 石英砂岩
- 泥岩
- 长石砂岩
- 粉砂质泥岩

3. 岩浆岩
- 橄榄岩
- 辉石岩
- 角闪石岩
- 辉长岩
- 斜长岩
- 闪长岩
- 花岗岩
- 二长岩
- 正长岩
- 碳酸岩
- 辉绿岩
- 煌斑岩
- 玢岩
- 苦橄岩
- 玄武岩
- 安山岩
- 流纹岩
- 霏细岩
- 粗面岩
- 安粗岩
- 响岩
- 角斑岩
- 英安岩
- 流纹质集块角砾岩
- 流纹质沉凝灰角砾岩
- 流纹质玻屑凝灰岩
- 流纹质岩屑晶屑凝灰岩

4. 变质岩
- 板岩
- 千枚岩
- 片岩
- 副片麻岩
- 正片麻岩
- 浅粒岩
- 变粒岩
- 麻粒岩
- 混合岩
- 黑云母花岗岩
- 花岗斑岩
- 花岗闪长岩
- 花岗闪长斑岩
- 混合花岗岩
- 角岩
- 大理岩
- 矽卡岩

5. 构造岩
- 压碎角砾岩
- 碎裂岩
- 糜棱岩
- 千糜岩

二、各种地质符号

(一) 地质符号

1. 一般地质符号

符号	名称
	实测地质界线
	推测地质界线
	实测角度不整合界线
	推测角度不整合界线
	实测平行不整合界线
	推测平行不整合界线
	角度不整合
	火山喷发不整合
	平行不整合（假整合）
	断层接触
	地层（倾斜地层）
	水平地层
	垂直地层（箭头方向表示较新层位）

2. 断层构造符号

符号	名称
	实测性质不明断层
	推测性质不明断层
	实测正断层（箭头指示断层面倾向，下同）
	实测逆断层
	实测逆掩断层
	实测冲断层
	实测平推断层（箭头指示相对位移方向）
	实测产状直立断层（箭头指向上升盘）
	区域性断层

3. 其他符号

符号	名称
	破火山口
	火山锥
	火山口或火山通道
	活火山

(二) 地貌形态符号

1. 构造地貌

符号	名称
	断层三角面
	向斜轴线
	背斜轴线
	实测逆冲推覆断层
	平坦夷平面
	褶皱盆地
	飞来峰构造

2. 流水地貌

符号	名称
	V字形谷
	U字形谷
	峡谷
	冲积扇
	洪积扇
	古河漫滩
	泥裂

3. 海岸地貌

符号	名称
	沙坝
	沙嘴
	砂砾堤
	沙坝
	珊瑚礁、珊瑚礁滩岸
	海蚀阶地
	海蚀陡岸

4. 岩溶地貌

符号	名称
	岩溶盆地
	溶蚀洼地
	溶洞
	有水溶洞
	落水洞
	峰林峰丛

附录 3　野外记录簿

野外记录簿

同 济 大 学

海 洋 与 地 球 科 学 学 院

野 外 记 录 簿

编　号：

工作地区＿＿＿＿＿＿＿＿＿＿＿＿＿＿＿

姓　　名＿＿＿＿＿＿＿＿＿＿＿＿＿＿＿

通 讯 处＿＿＿＿＿＿＿＿＿＿＿＿＿＿＿

日　　期＿＿＿＿年＿＿月＿＿日

　　　至＿＿＿＿年＿＿月＿＿日

"野外记录簿"使用规定

1. 本簿只限地质工作者野外工作专用记录野外观测测量结果。不得作其他使用。
2. 本簿共 60 页,正页每页印有号码,记载中如有错误可删改,但不得撕毁。
3. 本簿为地质工作的原始材料,属国家机密,使用者应严守保密规定,不得遗失或私自转借他人看阅,如有失密现象应立即向主管单位报告。
4. 本簿用毕或调动工作时应立即交回主管部门保管。
5. 如须参考已上缴的旧野外记录簿,可按一定手续向保管部门借用。
6. 爱护使用,保持整齐清洁。

请拾到者送至

..................................十分感谢。

倾 角 换 算 法

真倾角 \ 视倾角	80°	75°	70°	65°	60°	55°	50°	45°	40°	35°	30°	25°	20°	15°	10°	5°	1°
10°	9°51'	9°40'	9°24'	9°05'	8°41'	8°13'	7°42'	7°06'	6°28'	5°47'	5°02'	4°16'	3°27'	2°37'	1°45'	0°53'	0°11'
15°	14°47'	14°31'	14°08'	13°39'	13°04'	12°23'	11°36'	10°44'	9°46'	8°44'	7°38'	6°28'	5°14'	3°58'	2°40'	1°20'	0°16'
20°	19°43'	19°22'	18°53'	18°15'	17°30'	16°36'	15°35'	14°26'	13°10'	11°48'	10°19'	8°45'	7°06'	5°23'	3°37'	1°49'	0°22'
25°	24°40'	24°15'	23°40'	22°55'	21°59'	20°54'	19°39'	18°15'	16°41'	14°58'	13°07'	11°09'	9°04'	6°53'	4°38'	2°20'	0°28'
30°	29°37'	29°09'	28°29'	27°37'	26°34'	25°19'	23°52'	22°12'	20°22'	18°19'	16°06'	13°43'	11°10'	8°30'	5°44'	2°53'	0°35'
35°	34°35'	34°04'	33°21'	32°26'	31°14'	29°50'	28°13'	26°20'	24°14'	21°53'	19°18'	16°29'	13°28'	10°16'	6°56'	3°30'	0°42'
40°	39°34'	39°02'	38°15'	37°15'	36°00'	34°30'	32°44'	30°41'	28°20'	25°42'	22°46'	19°32'	16°01'	12°15'	8°17'	4°11'	0°50'
45°	44°34'	44°00'	43°13'	42°11'	40°54'	39°19'	37°27'	35°16'	32°44'	29°50'	26°34'	22°55'	18°53'	14°31'	9°51'	4°59'	1°00'
50°	49°34'	49°01'	48°14'	47°12'	45°54'	44°19'	42°24'	40°07'	37°27'	34°21'	30°47'	26°44'	22°11'	17°09'	11°42'	5°56'	1°11'
55°	54°35'	54°04'	53°19'	52°19'	51°03'	49°29'	47°34'	45°17'	42°33'	39°19'	35°32'	31°07'	26°02'	20°17'	13°56'	7°06'	1°26'
60°	59°37'	59°08'	58°26'	57°30'	56°19'	54°49'	53°00'	50°46'	48°04'	44°49'	40°54'	36°12'	30°39'	24°09'	16°44'	8°35'	1°44'
65°	64°40'	64°14'	63°36'	62°46'	61°42'	60°21'	58°40'	56°36'	54°02'	50°53'	47°00'	42°11'	36°16'	29°02'	20°26'	10°35'	2°09'
70°	69°43'	69°21'	68°50'	68°07'	67°12'	66°03'	64°35'	62°46'	60°29'	57°36'	53°57'	49°16'	43°13'	35°25'	25°30'	13°28'	2°45'
75°	74°47'	74°30'	74°05'	73°32'	72°48'	71°53'	70°43'	69°15'	67°22'	64°58'	61°49'	57°37'	51°55'	44°00'	32°57'	18°01'	3°44'
80°	79°51'	79°39'	79°22'	78°50'	78°29'	71°51'	77°02'	76°00'	74°40'	72°55'	70°34'	67°21'	62°44'	55°44'	44°34'	26°18'	5°39'
85°	84°55'	84°49'	84°41'	84°29'	84°14'	83°54'	83°29'	82°57'	82°15'	81°20'	80°05'	78°18'	75°39'	71°19'	63°16'	44°53'	11°17'
89°	88°59'	88°58'	88°56'	88°54'	88°51'	88°47'	88°42'	88°35'	88°27'	88°15'	88°00'	87°38'	87°05'	86°09'	84°16'	78°40'	45°00'

岩层走向与剖面夹角

日期：　　　　　　地点：

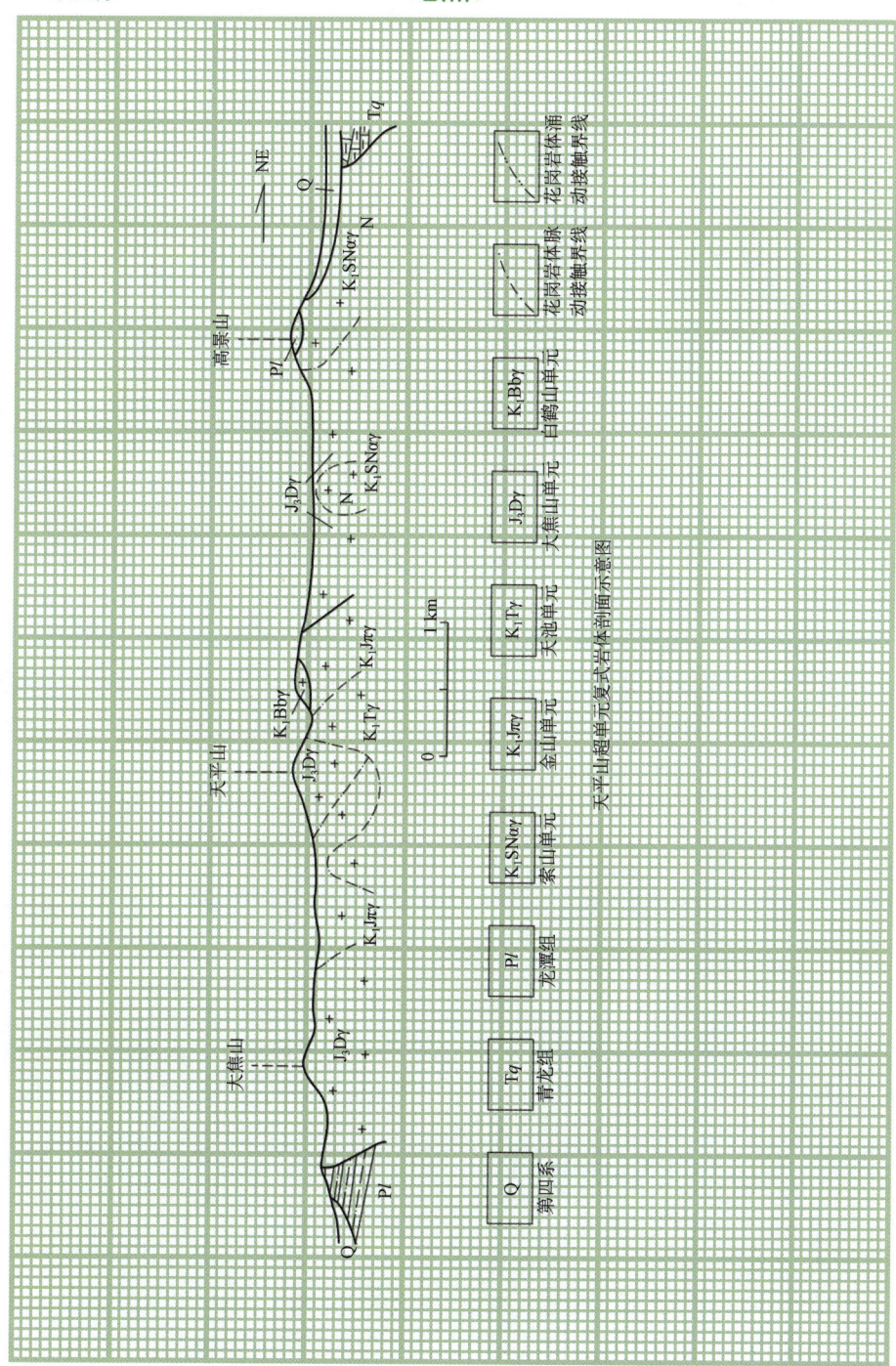

天平山超单元复式岩体的面示意图

第（　　）页

附图 西山地区地质概况图